Leyendas de los Indios de Norteamérica

Francisco Caudet Yarza

© EDIMAT LIBROS, S.A.

EDICIONES Y DISTRIBUCIONES MATEOS

Ilustraciones de Juan José Aguilar
Diseño de cubierta de VISIÓN GRÁFICA
Impreso en BROSMAC

ISBN: 84-95002-43-4   D.L.: M-1.687-1998

Impreso en España - Printed in Spain

LAS LEYENDAS
SUS ORÍGENES

El vocablo **leyenda** viene por sí mismo rebosante de evocaciones, al tiempo que sugiere aromas de siglos perfumados por la pátina del tiempo, sabor popular, aconteceres sensacionales en ambientes tan idóneos como adecuados. Surgen en las leyendas, con igual maestría que un cortometraje de dibujos animados de Walt Disney, las princesas en sus castillos, los príncipes amorosos que las cortejan, los hechizos, los embrujos, los dragones, los bosques y los lagos, los nenúfares y las azucenas, los monjes, las abadesas, los cementerios con sus sombríos y estirados cipreses... Toda una interminable liturgia contenida en la sabiduría, la imaginación y la fantasía populares.

Todos entendemos lo que se nos dice *cuando se nos dice* que algo es legendario. Pero casi ninguno pasa de entenderlo como una vaga condición exótica, antigua y maravillosa. Por contra, la leyenda es algo definido concretamente: una narración tradicional, fantástica, que combina en sorprendente contraste unos hechos extraordinarios con una referencia de lugar y personas bien sean históricas o imaginarias.

La leyenda, como la poesía y el teatro, tiene su génesis en la religión. Nace de las creencias totémicas y animistas de los albores de las razas y de los pueblos primitivos. Por eso trata en tantas ocasiones de hechizos y talismanes o de virtudes y hechos fantásticos que se refieren en ciertos animales, plantas u objetos. Así ocurre en las leyendas tan frecuentes sobre encarnaciones de personas en bestias y de transformaciones de éstas, por obra de amor, en príncipes llenos de gallardía, ternura y seductora fineza.

Un gran número de leyendas tienen también su origen en mitologías paganas unas veces, como ocurre de manera especial con las de Grecia y Roma; en tal caso resulta difícil saber dónde concluye el mito y comienza la leyenda propiamente dicha. Buda, Confucio y Mahoma, por otra parte, han inspirado centenares de relatos fantásticos que sólo tangencialmente tienen que ver con su historia y doctrina. Por su parte, en dos mil años de historia, el cristianismo ha dado pábulo infatigablemente a la leyenda. Leyenda cristiana que se nutre de la Biblia, de la vida de Cristo, formando narraciones más allá de lo que permiten los datos evangélicos sobre la Virgen, inspiradora de numerosa literatura legendaria a base de milagros históricos e/o imaginarios, de las historias de santos, en fin, subrayando y exagerando unos hechos prodigiosos realizados en vida y después de muertos, o inventándolos.

Los temas de procedencia inmediata o remotamente religiosa forman un núcleo muy importante que da a la leyenda, como género, una tónica muy elevada y noble. Se inició, pues, la leyenda por un camino digno que ha predispuesto a la humanidad, con el paso del tiempo, a incorporarle los motivos más serios, aquellos casos que suponía merecedores de ser enaltecidos y perpetuados: el origen de los pueblos, la fundación de reinos y ciudades, los principios de los ilustres linajes, los hechos cumbre de la historia y sus grandes protagonistas.

La leyenda y la historia. Penetramos con ello en un terreno en que la leyenda se encuentra en un mismo segmento que la historia. La guerra de Troya, la batalla de Roncesvalles, las hazañas del Cid Campeador, interesan por igual a ambas. La leyenda ha pasado en todos estos avatares por genuina historia durante un cierto tiempo, hasta el extremo de haber sido fuente en la que han ido a beber los propios historiadores. En la actualidad, obviamente, no es posible la confusión. Queda claro que para la leyenda la realidad histórica sirve unos datos sobre los que opera, novelándolos, exagerándolos, dotándoles de un cariz extraordinario, maravilloso y poético. Es la cuenta que el corazón y la inspiración llevan de los hechos. Es sustancia que nutre la tradición, memoria de los pueblos, en que éstos esbozan y definen su personalidad.

Cómo se forman las leyendas. Pero, ¿es el pueblo, así, en abstracto, quien crea la leyenda? Éste es un matiz largamente controvertido. No parece asequible de una forma radical que la leyenda haya surgido como por generación espontánea y que se produzca de una manera por completo anónima. Existe siempre una persona concreta que imagina y crea. Ni aun los géneros más populares pueden reducirse en última instancia a un asunto narrativo y a unas imágenes básicas que alguien ha fijado. La leyenda se considera, pues, popular más bien en el sentido de que el creador intuye en ella aquellos grandes temas con que el pueblo puede sentirse identificado. Existe siempre un creador personal de las leyendas. Sea un *aedo*, un mendigo medio ciego, medio poeta de la corte —como el que se describe en *La Odisea*—, un doncel que recitaba y cantaba trovas en los castillos feudales o un juglar maestro en poesía y a la vez caminante y prestidigitador en plazas públicas. O los mismos monjes, que en la paz de sus celdas elaboraban pacientemente voluminosos códices de pergamino e intentaban —¿inventaban?— leyendas y episodios sobre el santo tutelar de su monasterio. Es el caso de la leyenda de Carlomagno, que se forjó y encontró calor en una serie de monasterios que lo santificaron.

La leyenda, patrimonio popular. Una vez creada, la leyenda, si acierta a dar en algo que se imprime con fijeza en el corazón del pueblo, éste la toma y adopta amorosamente como cosa suya. Se la pasan unos a otros y, además, la miman y la pulen; centran la atención en este o aquel personaje que les es más agradable y amplían o reducen los episodios.

Entonces la leyenda ya es patrimonio popular. Se hace conseja para ancianas que las cuentan junto al hogar, romance que se tararea en la plaza pública, letrilla para acompasar y acompañar el trabajo. O poema y narración que el clérigo, el literato o el gran señor escriben en las horas de ocio junto a anaqueles bien repletos de libros. Porque llega un momento en que la leyenda se hace obra culta. Con ello muchas veces vuelve a los ambientes de donde procede.

La leyenda va estrechamente vinculada a un pueblo concreto, a un país o religión. Viene al mundo de la mano de la fantasía enraizada a un ambiente, a un poso de creencias, a determinadas condiciones étnicas, históricas o psicológicas de una colectividad. Muchas veces nace en cultos locales a antepasados que un grupo humano venera: a una roca cuya forma dispara la imaginación de las gentes sugiriendo la idea de un gigante encadenado o de un animal fantástico; a una fuente de aguas a las que se atribuyen virtudes maravillosas; a un bosque que por el terror que infunde a los viajeros se supone lugar repleto de espíritus en donde han sucedido hechos terribles; a un árbol, a un río, a un monasterio, a un castillo, a una torre en ruinas, a una princesa convertida en sapo, a cualquier motivo, en fin, que, a la vista de un pueblo durante generaciones, le asombra e incita su capacidad de fantasía.

La leyenda, patrimonio común de la humanidad. Tiene por tanto la leyenda ese paladar, ese sabor de cosa ligada a tierra y raza. Pero sucede que, con el paso del tiempo, los pueblos, países y regiones entran en contacto, intercambian su patrimonio particular, y con sus creencias e ideas, los hallazgos de sus fantasías. Y España hace a Carlomagno nacido en Toledo y Ulises se convierte en el fundador de Lisboa (Ulisibona), o Eneas el troyano, de Roma. Leyendas nacidas a orillas del Ganges pasan a Persia y de ella trotan a la grupa de los corceles de los invasores árabes a todo el norte de África, a España, a Italia, a Francia...

Se produce entonces una gran conexión. Temas, protagonistas y ambientes se entrecruzan y combinan. La leyenda pasa a ser patrimonio común de toda la humanidad. Así se da este aparecer de motivos iguales en tan diferentes épocas y regiones que da pie a establecer unas genealogías de leyendas buscando filiación o paternidad entre ellas. Pero en un buen número de ocasiones tales vínculos son falsos, pues sucede que hay un fondo de creencias, de situaciones, de recursos y de fuentes inspiradoras de carácter legendario que ocasionan leyendas sumamente parecidas sin que exista entre ellas una real interdependencia.

Una vez hecho este breve pero interesante resumen acerca de los orígenes, historia y desarrollo de las leyendas, así como de su innegable universalidad, pasaremos a continuación a ocuparnos de las que corresponden al presente volumen: **las de los indios de Norteamérica.**

LA FRAGANTE HERMOSURA DE
«LIRIO AZUL»
(o la pureza convertida en piedra)

Lirio Azul era una hermosa comanche de piel aceitunada, labios muy rojos y unos maravillosos ojos verdes que brillaban con los destellos propios de las más intensas esmeraldas.

Cuando la leyenda penetra en la vida de la maravillosa *Lirio Azul*, ella contaba tan sólo dieciséis años de edad. Estaba, pues, en la absoluta y total plenitud de su lozanía, en el momento más álgido de su esplendor femenino, en ese instante supremo en el que los encantos de la hembra gozan de toda la fuerza sensual de que los ha dotado la Naturaleza.

En ella todo era fulgor, puro fuego.

Y amor.

Porque estaba profundamente enamorada de *Buitre Planeador*, el hijo del gran jefe de la tribu comanche, que había sido la primera en trasladarse a las Colinas Negras, montañas situadas en Dakota del Norte, adonde los indios habían sido en parte confinados bajo la palabra de honor del hombre blanco, que les prometió que allí podrían vivir en paz sin ser molestados por nadie. Así fue, al menos en un principio. Tenían territorio suficiente para efectuar sus labores de caza, un río que les abastecía de agua y pesca..., en fin, todo cuanto podían necesitar.

Pero volvamos a nuestra hermosa y dulce protagonista...

Se estaba bañando completamente desnuda.

Ajena al hecho de que unos ojos lujuriosos la estaban observando mientras la mente propietaria de los mismos tramaba las más lúbricas elucubraciones.

—Es hermosa hasta la saciedad —dijo con voz rijosa Rusty Pyron.

Rusty Pyron no era más que un desertor del ejército confederado que había tenido la *suerte* de que su bando había perdido la guerra, ya que, de esta forma, disuelto el ejército secesionista, sus muchos crímines quedaban impunes y sin castigo.

—Podemos violarla y después matarla —habló uno de los tres tipos que le acompañaban.

—No te precipites, Frank —repuso Pyron. Añadiendo—: Aún no es el momento.

—Cualquier momento es bueno para gozar de una hembra como ésa —terció Frank Granka.

—¡He dicho que todavía no!

—Rusty tiene razón, Frank... —terció Curtis Kane, otro de los que observaban a la inocente criatura que pensaba estar sola y hundida entre las aguas tibias y acariciantes del río. Y añadió—: Los buscadores de oro nos

han contratado para que alborotemos a esos salvajes de los comanches, pero hay que hacer las cosas con calma. Debemos esperar a que Custer y los suyos lleguen al fuerte. Entonces intervendremos nosotros... Y cuando los pieles rojas empiecen a cometer barbaridades, Custer y los suyos se encargarán de darles su merecido. Entonces será el momento de que los cuatro gocemos en las carnes tórridas de esa puerca india, antes de destrozarla a cuchilladas. ¿Lo entiendes o no, Frank?

—Claro que lo entiende —dijo Jack, el cuarto de aquellos canallas. Puntualizando—: Lo que ocurre es que Frank se pone muy nervioso cuando ve al alcance de sus sentidos una hembra tan hermosa como ésa.

—¡Callaos...! —exclamó Rusty Pyron, que, como los otros, estaba oculto entre la boscosa maleza que se apiñaba a pocos metros de las márgenes del río—. Parece que alguien se acerca.

* * *

Buitre Planeador era un comanche musculoso, potente, viril, aguerrido, que había cortado ya, pese a su juventud, más de una cabellera. Sus poderosos bíceps enrollados a la garganta del enemigo eran suficientes para estrangularle.

En aquel momento vestía unos ajustados pantalones de lana, cómodos mocasines, torso desnudo, y un cuchillo de monte iba metido entre el pantalón y la cobriza y tersa piel de su vientre.

—Cúbrete, *Lirio Azul*. Estoy aquí.

Ella, sonriente y feliz, salió del agua tan desnuda como estaba.

Lo miró con amor y algún atisbo de deseo.

—¿Por qué he de hacerlo?

—Porque todavía no ha llegado el momento —respondió el indio.

—¿Me amas, *Buitre Planeador*?

—¿Es que acaso no te lo he dicho?

—Sí… ¿Te importa repetirlo?

Él se acercó unos pasos a ella sin hacer ademán de acariciarla, aunque dentro de sí era lo que más deseaba en aquel preciso instante.

—Te amo, *Lirio Azul*.

Ella seguía inmóvil, desnuda, sonriente, ofreciéndose frente a él.

—Si tú me amas y yo te adoro con locura es como si fuésemos marido y mujer, ¿no?

Movió el hombre la cabeza en sentido negativo.

—No... No exactamente.

—¿Por qué? ¿Quién lo dice?

—Nuestros antepasados. El *Gran Espíritu* también. Hasta que no se cumplan los ritos no somos marido y mujer.

—Para mí no existe más rito que el amor.

—No es suficiente, *Lirio Azul*.

—Nunca desearé ser de otro hombre que no seas tú, *Buitre Planeador*... ¿De veras quieres que me vista?

Dudó el indio.

—No... Pero debes hacerlo. No podemos ofender a nuestros antepasados y mucho menos al *Gran Espíritu*.

—Bien... Vuélvete entonces de espaldas.

Lo hizo.

Ella se cubrió con un ajustado vestido que recortaba crudamente la agresividad de sus formas.

—Ya puedes. Y quiero que sepas que sólo seré tuya. De nadie más. ¿Recuerdas la canción, *Buitre Planeador*?

—Sí...

—¿Quieres cantarla otra vez para mí?

—¿Tanto lo deseas?

—Sí...

—No puedo negarme a complacerte.

Se acercó a ella para besarla suave y tímidamente en los labios.

Luego cantó:

> **Es mi amor la más hermosa**
> **de las flores de este valle...**
> **Y no deseo otra cosa**
> **que hacerla mía y dichosa.**
>
> **Tiene el porte señorial**
> **de la ágil gacela hermosa...,**
> **trota cual noble animal**
> **porque se siente dichosa.**
>
> **¡Oh *Lirio Azul*, *Lirio Azul*,**
> **no es posible compararte a otra cosa...,**
> **superas las nubes de tul,**
> **por ser tú la más hermosa!**

Lirio Azul de mi vida,
en el valle te espero...
que si no vienes me muero,
delirando de amor...

Fue ella quien le besó ahora apasionadamente.

Luego dijo:

—Me encanta oírte entonar esa bella canción. Consigues que de verdad me sienta la más feliz y hermosa de todas las mujeres de la gran pradera. ¿Cuándo seremos marido y mujer?

—No tienes la edad todavía... Pero hablaré con tu padre y luego con el mío. ¿De acuerdo?

—¡Hazlo en cuanto lleguemos al campamento, por favor!

—Te complaceré.

—¡Ahora sí que soy la más feliz de todas!

* * *

Frank Granka gritó:

—¡No aguanto más! ¡Voy por ella!

—¡Maldita sea tu estampa! —gritó a su vez Rusty Pyron—. ¡Nos vas a buscar la ruina!

Pero Frank ya había salido de entre la maleza corriendo en zigzag hacia donde estaba la pareja de comanches.

Buitre Planeador lo intuyó al instante.

—¡Corre hacia el campamento, *Lirio Azul*! ¡Márchate de aquí!

—No podemos dejarla huir —dijo Curtis Kane—. Traerá a todos los malditos comanches a este lugar.

—¡Cierto, debemos detenerla! —exclamó Jack Garland.

—¡Corramos! —era Curtis Kane el que ahora había gritado.

El comanche ya se había encarado con Granka.

—*Rostro Pálido* no debe estar aquí.

Frank escupió en el suelo.

—Es posible... ¿Vas tú a impedirme que esté donde me dé la gana?

—¿Quieres pelear, hombre blanco?

—Quiero matarte, perro indio.

Entre tanto, Curtis, Jack y Rusty habían alcanzado a la hermosa muchacha y la tenían controlada, aunque ella forcejeaba desesperadamente por escapar del sucio abrazo de aquellos canallas.

—¡Aaaah! *¡Buitre Planeador!*

El hijo del jefe de los comanches, al escuchar el grito de su amada, sin pensarlo dos veces, y con una rapidez extraordinaria, extrajo el cuchillo que llevaba incrustado entre vientre y pantalón, haciéndolo volar con más ligereza que el viento hacia la garganta del provocador Frank.

Granka se dobló hacia atrás y finalmente cayó en tierra, muerto, con el cuello atravesado por la hoja de acero.

—¡Maldito indio! ¡Ha matado a Frank!

Buitre Planeador, con las manos limpias, corría como una exhalación hacia los que retenían a su amada.

—¡Hay que matarlo! —bramó Jack Garland.

Rusty Pyron ya había desenfundado los dos revólveres.

—¡Sujetad a esta víbora! ¡Yo me encargo del comanche!

Disparó una sola vez.

Buitre Planeador se detuvo tan en seco como si acabase de tropezar contra una pared invisible. El pedazo de plomo del 45 se la había incrustado en mitad de la frente. Dio dos veloces vueltas sobre sí mismo, un salto atrás, otro giro, y acabó estampándose de bruces en el suelo.

—¡¡¡NOOOOOOOOOOOOO!!! —aulló, como si también ella estuviese herida de muerte, *Lirio Azul*.

Rusty, enfundando su revólver, le dijo:

—Ahora nos ocuparemos de ti, pequeña. Los tres... Primero uno, luego otro... ¡Soltadla! ¡Será divertido perseguirla y luego, cuando nos hartemos de jugar con ella...!

¡Soltadla he dicho!

Lo hicieron.

Si esperaban que echase a correr, se equivocaron.

La india cayó de rodillas, con los brazos separados y las manos tendidas al cielo.

Pero no para suplicarles a ellos.

—Yo le amaba, ¡oh *Gran Espíritu*! Siempre había deseado ser suya y de nadie más. Pero él me convencía de que no debíamos traicionar las costumbres de nuestro pueblo, ni la memoria de nuestros antepasados, ni suscitar tu ira... He hecho lo que todos esperabais de mí y he cumplido en todo momento la voluntad de *Buitre Planeador*, siempre influida por la tuya. No me abandones ahora, ¡oh *Gran Espíritu*!, y concédeme el privilegio de que lo que yo quería que sólo fuese para él no sea para nadie. ¡Ayúdame tú a preservar mi pureza!

—¡Basta ya de estupideces! —gritó Curtis Kane, barbotando lujuria hasta por los ojos.

—¡Yo primero! —exigió Rusty Pyron—. ¡Por algo soy el jefe!

Y se abalanzó sobre la indefensa comanche.

Dándose... ¡un golpe terrible al chocar contra ella!

Porque no era carne lo que había encontrado al final de su corto recorrido... **sino piedra.**

Lirio Azul se había convertido en una **ESTATUA DE PIEDRA.**

De rodillas en tierra, brazos abiertos, manos al cielo...

—¡Dios mío! —exclamó Rusty Pyron—. ¡Esto es una maldición de alguno de esos fetiches que ellos adoran! ¡Larguémonos inmediatamente de aquí!

* * *

Pasó mucho tiempo y tanto a *Buitre Planeador* como a *Lirio Azul* se les dio por desaparecidos. Muchos miembros de la tribu pensaron que habían huido juntos.

Fue el día siguiente a la batalla de **Little Big Horn,** en la que perecieron el general Custer y todos los componentes del Séptimo de Caballería de Michigan.

Caballo Loco estaba meditando por los aledaños del río cuando descubrió los cadáveres de *Buitre Planeador* y Frank Granka y el cuerpo de *Lirio Azul* convertido en granítica piedra.

No tardó en comprender lo que había sucedido allí.

Llamó a varios de sus guerreros.

—¿Qué ocurre, *Caballo Loco*?

—Ved lo que hay aquí.

Se quedaron perplejos.

Y el jefe indio sólo dijo:

—El *Gran Espíritu* la ayudó a conservar su pureza convirtiéndola en piedra.

Luego ordenó que la sublime estatua fuese trasladada al pico más alto de las Colinas Negras.

Dicen que, desde entonces, nadie se ha atrevido a quitarla de allí.

LA MARZORCA DE MAÍZ OLVIDADA

Una mujer aricara estaba recogiendo cierto día maíz del campo para guardarlo para el invierno. Se trasladaba de una planta a otra, arrancando las mazorcas y echándoselas en el dobladillo que con su falda, a modo de faltriquera, había confeccionado. Cuando acabó de recogerlas todas y se aprestaba a partir, escuchó la voz entre tímida y dulce, como la de un niño, que suplicaba con acento lloroso:

—¡Por favor, buena mujer! ¿Es que te olvidas de mí? ¡No me dejes sola, te lo suplico!

Ella se quedó perpleja.

«¿Quién podrá ser? ¿Habrá algún niño perdido entre el maizal?»

Posó el manto en que llevaba la carga de maíz y dio media vuelta para rastrear, si bien no encontró nada.

Cuando ya se iba definitivamente, escuchó de nuevo la vocecita:

—¡Por favor, no me dejes!

Buscó durante largo rato.

Finalmente, en un rincón del maizal, oculta bajo las hojas de los tallos, encontró una diminuta mazorca. La que había gritado.

Es por eso que desde entonces las mujeres indias recogen y guardan la cosecha de maíz con gran cuidado, procurando siempre no olvidar ni desperdiciar ni siquiera la mazorca más pequeña de tan preciado alimento, pues disgustarían el *Gran Espíritu* si lo hicieran.

LOS ENAMORADOS FIELES

Había una vez una joven, hija de un jefe indio, que tenía muchos parientes. Todos los jóvenes del poblado querían hacerla su esposa y todos deseaban llenarle el cubo de cuero cuando iba a buscar agua al arroyo.

Vivía en la misma aldea también un joven diligente y buen cazador. Pero era pobre y de familia humilde. Mas también amaba a la doncella.

—Sé mi esposa. Tengo poco pero soy joven. Te trataré bien.

Durante mucho tiempo ella no dio respuesta. Pero un día susurró a la par:

—Debes pedir permiso a mi padre. Pero antes has de hacer algo noble. Tienes que ir en una partida de guerra y conseguir algún trofeo del enemigo.

—Lo haré, aunque no soy guerrero, pero por ti intentaré conseguir ese trofeo.

Así que el joven formó una partida de siete, él y otros seis jóvenes. Recorrieron el territorio enemigo esperando la ocasión de atacar. Pero dicha ocasión no se presentó porque no encontraron a ningún enemigo.

—Nuestro poder no es eficaz —dijo—. Tendremos que volver.

Antes de emprender el regreso se tomaron un descanso para fumar junto a un hermoso lago al pie de una loma que se alzaba en la orilla. Entre ellos había uno al que llamaban Bromista, porque era muy atrevido y tenía mucha gracia. Se quedó mirando la loma y dijo:

—Vamos a brincar en la cima.

—No —repuso el joven enamorado—. Parece misteriosa. Siéntate y acaba de fumar.

—Oh, vamos, ¿es que tenéis miedo? —insistió Bromista—. ¡Venga, vamos!

Y, poniéndose en pie de un salto, corrió por la ladera de la loma.

Otros cuatro jóvenes le siguieron. Y cuando llegaron arriba se pusieron a saltar y brincar burlándose, gritando a los otros:

—¡Vamos, venid, cobardicas!

Y de pronto se detuvieron. La loma había empezado a moverse. Quisieron huir pero tenían los pies, como por arte de magia, pegados al suelo. Se dieron cuenta entonces que... ¡se trataba de una tortuga gigante!

—Ayudadnos... —pedían a los otros.

Pero a los pocos instantes habían desaparecido debajo del agua.

El joven enamorado y su amigo, acongojados, no tuvieron más remedio que reanudar el camino de regreso hasta que, el primero, agotado por la fatiga, se echó en tierra.

28

—Dormiré un poco porque me siento rendido.

—Yo bajaré al agua a ver si tengo suerte y encuentro algún pez.

Lo encontró y, tras limpiarlo, llamó a su amigo.

—Ven, vamos a comerlo.

—Cómelo tú. Quiero seguir descansando —respondió el enamorado.

—Oh, vamos...

—¡Déjame reposar!

—Pero eres amigo y debo compartir contigo el pez. Si no vienes, tampoco comeré yo.

—¡Pesado! De acuerdo, comeré contigo. Pero tienes que prometerme antes que me irás a buscar toda el agua que pueda beber.

—Prometido —dijo el otro, y comieron.

Cuando terminaron le llenó al enamorado la cacerola de agua y aquél se la bebió de un trago.

—Quiero más.

La operación se repitió varias veces hasta que el otro dijo:

—Ya estoy cansado, hombre. ¿Por qué no vas directamente al río y bebes toda la que desees?

—Bueno... Pero no has cumplido tu promesa.

Se metió en el agua y de pronto de medio cuerpo para abajo se convirtió en un pez.

—¡Horror...! ¡Esto ocurre porque él ha incumplido el trato!

De súbito se convirtió en un pez hasta el cuello.

El amigo creía ver visiones.

—¿Qué puedo hacer por ti?

—Nada. Ve y dile a la hija del jefe que la amé hasta el final y que moriré convertido en un pez por su amor. Toma este cinturón y devuélveselo. Me lo regaló como prueba de su cariño.

El amigo volvió contando la historia y ella lloró amargamente como habría llorado a su esposo. Sentada en el *tipi* de su madre, se repetía: *Su amor por mí ha sido su perdición.* Luego, cubierta la cabeza con un manto, silenciosa, trabajó sin descanso.

—¿Qué haces, hija mía?

Pero ella no contestaba.

Pasaron días y lunas.

Pidió que le hicieran una gran canoa sobre la cual flotó lentamente, río abajo, en busca del gran pez.

—Vuelve, hija mía, el gran pez te comerá.

Pero ella fue al encuentro del animal y le dijo al verlo:

—Siempre te amaré. Hombre o pez, ¡siempre te amaré!

Él dijo:

—¿Te atreves a besarme en los labios? —Y le ofreció su marino hocico.

—¡Claro! —y lo hizo.

La leyenda dice que ella se convirtió en pez, también, en el mismo instante de besarlo a él. Y vivieron en el fondo del mar, felices, como fieles enamorados que eran.

LA DAMA DE LAS ESTRELLAS

Una bonita leyenda de los chippeways, una tribu algonquiana, cuenta cómo Algón, un cazador, obtuvo como esposa la hija de una estrella.

Un día, mientras paseaba por las praderas, descubrió un camino circular, gastado por el paso de muchas pisadas, aunque no había ninguna huella visible en él.

El joven cazador, que jamás había podido ver de cerca uno de esos «corros de hadas», se sorprendió muchísimo por su descubrimiento y decidió esconderse detrás de unas altas hierbas para ver si podía encontrar una explicación. No fue muy larga la espera.

Al poco rato oyó una música, tan suave y tan dulce que superaba cualquier cosa que jamás hubiera soñado. Los tonos crecieron y se enriquecieron, y como parecía proceder de las alturas dirigió la mirada hacia el cielo. En el extenso azul vio un pequeño punto blanco que parecía una nube. Se acercó más y más, y el cazador, atónito, vio que no se trataba de una nube, sino de un delicado carro de mimbre, en el que había doce bellas damas.

La música que había oído era la del sonido de sus voces que cantaban canciones mágicas y extrañas. Descendiendo al corro encantado, danzaron y danzaron con una gracia y una desenvoltura tan exquisita que era un puro deleite verlas.

Al sobreponerse de la sorpresa, Algón no pudo desviar los ojos de la más joven del grupo, una criatura delgada y vivaz, tan frágil y delicada que al cazador le pareció que podía llevársela un soplo de aire.

Efectivamente, le invadió una feroz pasión por la delicada hada y se apresuró a salir de la hierba y llevársela. Pero las bellas criaturas eran demasiado rápidas. El hada que había elegido esquivó su acoso y huyó hacia el carro. Las demás la siguieron y en un momento estaban ya en el aire, cantando una canción dulce y sobrenatural.

El cazador, entristecido, regresó a su tienda, pero por más que lo intentó no podía olvidar a la dama de las estrellas, y al día siguiente mucho antes de que llegaran las hadas se escondió en la hierba esperando los dulces sonidos que anunciarían su llegada.

El carro apareció por fin. Los doce seres etéreos danzaron como hicieron el día anterior. De nuevo Algón intentó desesperadamente agarrar a la más joven y de nuevo fracasó.

«Quedémonos», dijo una de las damas de las estrellas. «Puede que el mortal desee enseñarnos sus danzas terrenales.» Pero la hermana más joven no quería saber nada de él y todas desaparecieron en su carroza de mimbre.

El pobre Algón regresó a casa más triste que nunca. Pasó la noche en blanco soñando con la bella y evasiva

criatura que había encadenado su corazón y mente, y por la mañana temprano regresó al lugar encantado.

Buscando algo que le sirviera para lograr su fines, encontró el tronco hueco de un árbol en el que jugueteaban unos ratones. Con la ayuda de los amuletos de su bolso «médico» se convirtió en uno de estos animales, pensando que las hermanas no le conocerían a través de su disfraz.

Ese día, cuando descendió el carro de mimbre, las ocupantes se bajaron de él y, como de costumbre, danzaron alegremente en el corro mágico, hasta que la más joven vio el tronco hueco del árbol (que no estaba allí el día anterior) y salió volando.

Sus hermanas se rieron de su miedo e intentaron tranquilizarla volcando el tronco. Los ratones huyeron en todas las direcciones y las damas de las estrellas les persiguieron y los mataron a todos excepto a Algón. Éste recobró su propia forma justo cuando el hada más joven estaba a punto de golpearlo. Agarrándola en su manos, la arrastró hasta su pueblo, mientras sus hermanas, asustadas, ascendieron al país de las Estrellas.

Cuando llegó a casa, Algón se casó con la dama y, mediante su amabilidad y gentileza, se ganó su cariño. Sin embargo, ella todavía pensaba en sus propias gentes y, aunque mantuviera secreta su tristeza, para no preocupar a su esposo, jamás dejó de añorar su casa perdida.

Un día, cuando salió con su pequeño hijo, fabricó una cesta de mimbres, como la que la había traído a la Tierra por primera vez. Recogieron unas flores y unos obsequios para las gentes de las estrellas, llevó al niño en la cesta con ella, cantó unas canciones mágicas que todavía recordaba y pronto ascendió a su propio país, donde la acogió el rey, su padre.

Fue bien amarga la congoja de Algón cuando se percató de que su esposa e hijo le habían abandonado. Pero no tenía ninguna forma de seguirlos y por ello nada podía hacer.

Iba todos los días hasta el lugar donde estaba el corro mágico en la pradera y allí desahogaba su profunda tristeza, pero pasaron los años sin que regresaran sus seres queridos.

Mientras tanto, la mujer y su hijo casi habían olvidado por completo a Algón y su pasado en el país de la Tierra. Sin embargo, cuando el niño hubo crecido lo suficiente, como para poder oír y comprender la historia, pidió poder ir a visitar a su padre. Su madre permitió que ese deseo se cumpliera y se las arregló para acompañarle. Cuando ya estaban a punto de iniciar el descenso, las gentes de las Estrellas les dijeron:

«Tráete a Algón cuando regreses y dile que traiga algún atributo de cada animal y pájaro que ha matado en la caza.»

Algón, que había pasado casi todo su tiempo al lado del corro encantado, se alegró cuando vio a su esposa e hijo que regresaban y, tras haber escuchado atentamente cuanto les había sucedido y lo que le proponían, estuvo dispuesto a ir con ellos al país de las Estrellas.

Trabajó muy duro para poder conseguir una muestra de todos y cada uno de los pájaros y animales raros que existían en su tierra, y cuando finalmente hubo reunido los atributos..., la garra de una, una pluma de otro, etc..., las cargó en el carro de mimbre, se subió en él con su esposa e hijo y emprendieron el viaje hacia el país de las Estrellas.

Las gentes agradecieron los curiosos obsequios que Algón les había traído, y al permitirles su rey que cada uno de ellos cogiera uno, así lo hicieron.

Aquellos que cogieron una cola o la garra de cualquier animal, en seguida se convirtieron en el cuadrúpedo al que pertenecía, y aquellos que cogieron las alas de los pájaros se convirtieron ellos mismos en pájaros.

Algón y su esposa e hijo cogieron las plumas de un halcón blanco y volaron a las praderas, donde pueden verse todavía sus descendientes.

LOS PIGMEOS

Cuando los cheroquis habitaban en los pantanos de Florida los iroqueses tenían por costumbre abalanzarse sobre ellos, saqueando su campamento.

En una ocasión el grupo de saqueadores se ausentó de su hogar durante dos años.

La noche antes de su regreso uno de ellos, un cacique, enfermó de gravedad y el resto del grupo no sabía qué hacer con él. Era evidente que si se lo llevaban hasta casa éste obstaculizaría considerablemente su marcha. Además, existía la posibilidad de que no se recuperara jamás, y sus esfuerzos habrían sido en balde. Entonces estuvieron discutiendo durante toda la noche y decidieron por fin abandonarlo a su destino y regresar solos.

El hombre enfermo, incapaz de mover su cuerpo, oyó dicha decisión con gran tristeza y pesar, pero la tomó valientemente, como lo hace un buen guerrero indio. No obstante, cuando oyó el sonido de los remos mientras cruzaban el río, no pudo evitar pensar en todos sus familiares y los amigos a quienes jamás podría volver a abrazar.

Cuando el grupo de los saqueadores llegó hasta su casa fueron insistentemente interrogados sobre el paradero del jefe que faltaba, y las preguntas eran aún más ansiosas debido a que el hombre que había caído enfermo era uno de los favoritos de sus gentes.

Los guerreros, sintiéndose enormemente culpables, contestaron únicamente con evasivas. No tenían la menor idea de qué era lo que le podía haber sucedido a su compañero, respondían. Era muy posible que se hubiera perdido o bien que lo hubieran matado en Florida.

Mientras todo esto sucedía en el poblado, el hombre enfermo yacía casi muerto en las orillas del río. De repente, muy cerca de donde se encontraba, oyó el suave sonido de una canoa deslizándose por encima de las aguas. La embarcación se acercó hasta la orilla y, al percatarse sus ocupantes de la presencia del guerrero, tomaron rápidamente tierra tres pigmeos.

Miraron al extraño que estaba tendido en el suelo y con aspecto más que lamentable, mostrándose sorprendidos. Finalmente uno, que parecía ser el líder del grupo, avanzó y habló con él, diciéndole que esperara su regreso, prometiendo cuidar de él.

Iban, según le hizo saber, a un salegar, lugar donde muchos animales sedientos acudían para poder aplacar tranquilamente su sed, con la finalidad de poder matar alguno y obtener un poco de comida para ellos y sus compañeros que se habían quedado en el poblado.

Cuando los pigmeos llegaron al lugar todavía no había ningún animal allí, pero muy pronto aparecieron dos bestias enormes, un gran búfalo toro y un búfalo vaca, en el salegar, donde, después de haber satisfecho la sed, los

41

dos animales se tumbaron en la orilla para descansar. Ante esta circunstancia los pigmeos decidieron que había llegado el momento idóneo para matarlos y, sacando los arcos, consiguieron alcanzar a los búfalos.

Podo después emprendieron la marcha de regreso al lugar donde se hallaba el hombre enfermo. De esta forma cumplieron la promesa que le habían hecho de cuidar de él. Le atendieron con grandes muestras de habilidad y destreza hasta que al fin se pudo recuperar completamente. Luego le acompañaron hasta el poblado, donde se reunió al fin con todos sus familiares y amigos, quienes de esta forma descubrieron que la historia que les había sido contada por el grupo de saqueadores era completamente falsa.

Amargamente indignados por el engaño y la crueldad despiadada y sin sentido de estos hombres, se abalanzaron sobre ellos y les castigaron de acuerdo con sus acciones de traición.

Más tarde el jefe decidió ponerse a la cabeza de un grupo de gentes que sentían una enorme curiosidad por visitar el salegar, que encontraron rodeado de huesos de innumerables animales grandes que habían sido matados por las flechas de los pigmeos.

Este relato resulta de gran importancia como un ejemplo de lo que fueron seguramente los últimos vestigios de una gente pigmea que habitó en la parte oriental de Norteamérica, antes de la llegada del hombre rojo.

LA SERPIENTE ENCANTADA

Fue encontrada en el siglo XVII entre los hurons una extraña leyenda que hacía referencia a una serpiente. Con toda probabilidad, esta historia fue adoptada por los algonquianos vecinos.

El mencionado monstruo tenía en la cabeza un cuerno del que se decía que tenía la peculiar característica de ser capaz de atravesar cualquier tipo de material, incluso las rocas más duras. Se suponía de igual forma que cualquiera que pudiera poseer un trozo de éste tendría mucha suerte en todo cuanto emprendiese y por ello era muy buscado.

Lo hurons no tenían ni la más mínima idea del lugar donde podrían encontrar a esta extraña y temible criatura, pero afirmaban que los algonquianos tenían la costumbre de venderles unos pequeños trozos de cuerno mágico para que pudieran beneficiarse de tal posición.

Es más que posible que los shawnees mercenarios hubieran tomado prestado este mito de los cheroquis para sus propios fines. En cualquier caso, existía una leyenda parecida entre ambas tribus que hablaba sobre una serpiente monstruo, el rey de las serpientes cascabel, que vivía en las montañas, asistida por el séquito de su misma raza.

Esta bestia, en lugar de llevar una corona, tenía encima de su cabeza una enorme y preciosa joya de la que se comentaba que poseía poderes mágicos muy benéficos. Muchísimos jóvenes valientes e intrépidos intentaron apoderarse de esta joya apetecible, pero uno tras otro fueron cayendo todos, víctimas de los reptiles venenosos.

Finalmente, hubo un guerrero con más ingenio que los demás. Decidió revestirse enteramente con piel, y de este modo consiguió quedar inmune a los ataques de tan temibles animales.

Abriéndose camino hasta el nido de las serpientes, pudo matar a su monstruo jefe. Luego, apoderándose triunfalmente de la maravillosa joya, se la llevó con él hasta su tribu, por quienes fue considerada con una profunda veneración y conservada celosamente.

EL ORIGEN DE LA MEDICINA

Una interesante leyenda cheroqui es la que narra el origen de la enfermedad y la subsiguiente introducción de la medicina sanadora.

En los tiempos primitivos, se nos dice, los miembros de la creación animal estaban dotados de habla y vivían en armonía con la raza humana, pero la humanidad se multiplicó tan rápidamente que los animales no tenían sitio en los bosques y los lugares desérticos de la Tierra, de tal forma que la antigua amistad que había entre ellos pronto se olvidó.

La ruptura fue mayor cuando inventaron las armas letales, mediante las cuales el hombre empezó una extendida matanza de los animales para obtener su carne y su piel.

Sorprendidos al principio, y luego enfadados, lo animales recurrieron a otros medios para vengarse. La tribu de los osos se reunió en consejo, presidido por el *Viejo Oso Blanco*, su jefe. Después de que diversos locutores hubieran denunciado a la humanidad por sus tendencias sangrientas, se decidió unánimemente hacer la guerra, pero la falta de armas se consideró como una gran desventaja.

Sin embargo, se sugirió que podían ser empleados los mismos instrumentos que el hombre y, puesto que el arco y las flechas parecían ser su principal arma de destrucción, se resolvió copiarlos.

Buscaron un trozo de madera adecuado, y uno de los osos se sacrificó para proporcionar la tripa para la cuerda del arco. Cuando hubieron terminado el arma, descubrieron que las garras de los osos anulaban su utilidad. Sin embargo, uno de ellos cortó sus garras y consiguió dar en la diana, pero muy sabiamente el *Viejo Oso Blanco* observó que sin las garras no podrían trepar por los árboles o cazar animales y, si se las cortaban, sin duda morirían todos de hambre.

Los ciervos también se reunieron en consejo, bajo el mando de su jefe, el *Pequeño Ciervo*, en el que decidieron que aquellos cazadores que mataran a uno de sus miembros sin pedir perdón de una forma adecuada serían afligidos por el reumatismo. Informaron de esta decisión al campamento de indios más cercano y les dijeron cómo remediarlo cuando por necesidad fueran obligados a matar un ciervo.

Así que, cuando un cazador mata a un ciervo, el *Pequeño Ciervo* acude al lugar y, agachándose sobre las manchas de sangre, pregunta al espíritu del ciervo si ha oído la oración del cazador en la que pide su perdón.

Si la respuesta es «sí», todo está bien, y el *Pequeño Ciervo* se marcha; pero si la respuesta es negativa, sigue el cazador hasta su cabaña y lo hechiza con reumatismo, de tal forma que le convierte en un inválido desamparado.

A veces los cazadores que no han aprendido la forma correcta para pedir perdón intentan desviar al *Pequeño Ciervo* de su persecución encendiendo fuego en sus rastros.

SAYADIO, EN LA TIERRA
DE LOS ESPÍRITUS

Una leyenda de la tribu Wyandot de los iroqueses narra cómo Sayadio, un joven indio, lamentó profundamente la muerte de su joven y preciosa hermana.

Tan profunda fue su tristeza por ella que finalmente decidió buscarla en la Tierra de los Espíritus. Buscó a la chica largo tiempo y tuvo muchas aventuras en su búsqueda.

Pasaron años de búsqueda, la cual estuvo a punto de abandonar dándola por inútil, cuando se encontró con un viejo que le dio unos buenos consejos. Esta persona venerable le entregó una calabaza mágica en la cual podría atrapar y retener el espíritu de su hermana si conseguía encontrarlo. Descubrió más tarde que este viejo era el guardián de esa parte de la Tierra de los Espíritus que buscaba.

Feliz de haber conseguido tanto, Sayadio siguió su camino y a su debido tiempo alcanzó la Tierra de las Almas. Pero para su gran desilusión observó que los espíritus, en lugar de salir a su encuentro como había esperado, huyeron de él aterrorizados. Sintiéndose rechazado, se acercó a Terenyawago, el maestro espíritu de las ceremonias, que se apiadó de él y le informó de que los muertos se habían reunido para un gran festival de danza, igual al que los indios celebran en ciertas épocas del año. Pronto comenzaron las danzas y Sayadio vio a los espíritus que flotaban como nubes de niebla. Entre ellos reconoció a su hermana y quiso abrazarla, pero ésta evadió su contacto y se disolvió en el aire.

Muy desilusionado, el joven volvió a acudir al comprensivo maestro de ceremonias, quien le dio un sonajero mágico de mucho poder, cuyo sonido quizá podría volver a hacerla aparecer. Volvió a sonar la música espiritual para la danza y las personas muertas se juntaron en un círculo. Sayadio vio de nuevo a su hermana y observó que estaba tan absorta en la música que no prestaba atención a su presencia. Tan rápido como el pensamiento, el indio cogió al fantasma con su calabaza como si pescara a un pez, y le puso la tapa, a pesar de los esfuerzos del alma capturada para recobrar su libertad.

Volviendo a la Tierra, no tuvo ninguna dificultad para encontrar su pueblo natal, donde reunió a sus amigos para que presenciaran la resurrección de su hermana. Trajeron el cuerpo de la chica desde el lugar de su enterramiento para reanimarlo con su espíritu, y estaba todo listo para iniciar la ceremonia, cuando una ignorante y curiosa doncella quiso echar una ojeada dentro de la calabaza para ver qué aspecto tenía su espíritu incorpóreo.

Instantáneamente, igual que un pájaro hace cuando le abren la puertecilla de su jaula y huye volando hacia la

libertad, el espíritu de la hermana de Sayadio salió volando de la calabaza antes de que nadie pudiera volver a cerrar la tapa.

Sayado tardó rato en darse cuenta de su pérdida, pero cuando miró a su alrededor buscándolo el espíritu de su hermana había desaparecido.

En un instante comprendió que se habían derrumbado sus esperanzas y, con el corazón roto, se desmayó.

LA COSMOLOGÍA SIOUANA

Las tribus mandanas de los siuox poseen un tipo de mito-leyenda de la creación que es conocido entre varias gentes americanas.

Creen que su nación sobrevivió en un pueblo subterráneo cerca de un inmenso lago. Allí despuntaban de la tierra las raíces de un gran viñedo y, trepando por ellas, algunos de ellos divisaron el mundo superior, en el que descubrieron abundancia de animales y alimentos vegetales.

Los que habían visto el recién descubierto mundo de arriba regresaron a sus hogares, trayendo unos relatos tan maravillosos de su riqueza y deleitosidad que los demás decidieron abandonar su monótona existencia subterránea a cambio de las delicias de la esfera soleada de arriba. La población entera se puso en camino y empezó a trepar por las raíces del viñedo, pero sólo la mitad de la tribu había subido cuando la planta se rompió debido al peso de una mujer corpulenta.

Los mandanas creen que después de la muerte regresarán al mundo subterráneo en el que vivieron originariamente: los valientes alcanzaron al pueblo mediante el lago, los malos teniendo que abandonar el pasaje a causa del peso de sus pecados.

Los minnetaree creían que su antepasado original emergió de las aguas de un lago llevando en la mano una mazorca de maíz, y los mandanas poseían un mito muy parecido al de los muskogeenos concernientes al origen del mundo.

CABALLO LOCO, GEORGE CUSTER Y EL GRAN ESPÍRITU

Somos responsables de la defensa de un territorio de cien mil millas cuadradas y tenemos en contra nuestra a millares de indios, que constituyen la mejor caballería ligera del mundo. Me he dado perfecta cuenta de ello en el transcurso de los últimos días. Tenemos ante nosotros una gran tarea, señores, y necesitaremos un regimiento. Nuestra misión es convertir al Séptimo de Caballería en el mejor regimiento que jamás haya existido en los Estados Unidos. No creo necesario decirles que un regimiento es algo más que seiscientos guerreros más o menos disciplinados. Es algo más, MUCHO MÁS. Los hombres pueden morir, pero el regimiento sigue viviendo, porque posee un alma propia e inmortal.

George Armstrong CUSTER.

PRÓLOGO

Aunque los hechos que aquí se narran sucedieron en la realidad —forman parte de la historia de la colonización de los Estados Unidos de América—, parece ser que, según ciertos documentos recogidos en su día y en alguna parte, demuestran que la leyenda también tuvo su aporte directo en ellos, ya que se supone que uno de los

57

principales protagonistas —concretamente *Caballo Loco*— de los hechos aludidos se inspiró en las revelaciones del *Gran Espíritu*, para tomar una decisión irrevocable que habría de conducirle a la victoria tal como su deidad le había vaticinado.

Breve reseña histórica sobre el general Custer. Ésta es la historia de los hechos que precedieron a otro hecho.

Un hecho importante, puede que hasta trascendental, en la joven historia de los Estados Unidos de América: *la muerte del general George Armstrong Custer*, al mando de cinco escuadrones del Séptimo de Caballería de Michigan, frente a los guerreros sioux que capitaneaban *Sitting Bull* y *Caballo Loco*[1].

George Custer, considerado un héroe por sus contemporáneos, convertido en mito por los exégetas de la época, es hoy discutido y hasta criticado por los historiadores modernos. La verdad es que Custer no fue, realmente, el adalid fascinante y espectacular que muchos

---

[1] Fue el autor material de la muerte de George Armstrong Custer. Jefe sioux oglala se llamaba realmente *Su Caballo está Loco*, porque, el día de su nacimiento, un caballo salvaje había atravesado a la carrera el campamento. En 1875 unió sus fuerzas con las de los *hunkpapa* de *Stting Bull*, que se había rebelado contra los buscadores de oro, y tomó parte (como ya se ha significado) en la batalla de **Little Big Horn,** en 1876. Un año más tarde se entregó, después de haberse visto hostigado por la caballería durante algún tiempo. Acusado de iniciar una nueva guerra, murió asesinado cuando intentaba escapar.

quisieron ver en él. No fue, tan siquiera, un hombre brillante. Sí fue valiente... La valentía es una virtud que nunca podrá discutírsele a Custer. Una valentía rayana en la temeridad, en esa temeridad con que los ambiciosos defienden sus ambiciones. Porque, sin lugar a la menor duda, la ambición fue el norte y guía en la vida del general Custer. Además de ambicioso, era cruel y arrogante, y consideraba que las guerras contra los indios eran tan sólo un mero instrumento que había de servirle para progresar en su carrera.

Pero, realmente, los éxitos más brillantes no los alcanzó Custer en sus luchas contra los *pieles rojas*, sino durante la guerra de Secesión, a la sombra y amparo del general Philip Henry Sheridan (tío de su esposa Libby) y del poco escrupuloso y cruel William Sherman[2], que se encargaron de proyectarle hacia las cotas de la fama y la popularidad. Quizá el acto más significativo de Custer fuera recibir de manos del general sudista Roberto Eduardo Lee, en Appomattox (Virginia), el 9 de abril de 1865, la bandera de tregua en la rendición confederada.

---

[2] Apodado *El Carnicero*. Había nacido en Ohío (lo mismo que Custer) e ingresó en West Point a la edad de dieciséis años. En 1861 ascendió a coronel del ejército de la Unión y un año más tarde a general. Su tendencia a tomar decisiones drásticas le impulsó al empleo de las denominadas tácticas de «tierra quemada», que consistían en arrasar y quemar todo cuanto sus hombres encontraban al paso con el objeto de que la población civil, carente de reservas, muriese de hambre. Fue el responsable directo de la destrucción de Atlanta, hecho éste que marcó prácticamente el final de la resistencia confederada.

Pero el hecho más trascendental y significativo dentro de la vida militar de Custer se produjo, como ya hemos señalado anteriormente, durante la Guerra de Secesión cuando, por un curioso error, fue nombrado general del ejército unionista.

Reproducidos a continuación unos textos referidos ese suceso:

—*Un oficio del coronel del Segundo de Caballería, señor* —dijo el cabo Smith a su superior—. *Se niega a devolver el caballo que el teniente Custer le robó a usted, señor.*

—*Se niega, ¿eh?* —replicó el coronel Taipe frunciendo el ceño—. *Al parecer existe también un concepto del honor entre los cuatreros. Tome una orden y escriba: Al teniente George Armstrong Custer, Segundo de Caballería...*

En aquel momento el general Winnfield Scott, jefe del Ejército de la Unión, abrió la puerta del despacho, exclamando:

—*¡Taipe!*

Y cuando su ayudante, olvidando el oficio que iba a dictar, se acercó a él, añadió:

—*Lee se ha esfumado. No sabemos hacia dónde se dirige. Movilice todas las reservas de caballería del Cuartel General y ordene que salgan en su busca inmediatamente. ¿Qué hace la brigada de Michigan en Hannover?*

—Reorganizándose, señor. Ha perdido a su jefe y aún no hemos nombrado a un brigadier para que se haga cargo del mando.

—Nombre a uno en seguida. Al más antiguo de entre los coroneles de Caballería.

—Ahora no recuerdo quién es, señor...

—Ya lo averiguará más tarde. Redacte la orden ahora mismo, Taipe. Dése prisa.

—Sí, señor —el coronel se volvió hacia el oficinista y le dictó—: *Tengo instrucciones de informarle que ha sido ascendido al grado de general de brigada, con antigüedad a partir de esta fecha. Al recibir la presente partirá en el acto hacia Hannover, donde asumirá el mando de la brigada de caballería de Michigan.*

Y, al oír que el general Scott volvía a llamarlo, firmó rápidamente la orden sin advertir que el encabezamiento estaba dirigido al **teniente George Armstrong Custer.**

El cabo metió el oficio en un sobre y el rápido —equivocado— ascenso emprendió la marcha para dirigirse al encuentro de Custer.

Mientras tanto, en el Cuartel General, Winnfield Scott y Taipe quedaban abrumados ante la noticia de que las patrullas de Roberto Eduardo Lee habían llegado a Gettysburg.

Y lejos de allí, un oficial le dijo a Custer, cuando éste penetró en la tienda de campaña que servía de comedor a los jefes y subalternos del segundo regimiento:

—Bien venido, general.

Custer, que acababa de librarse de los ofrecimientos de un sastre ambulante y estaba de muy mal humor porque había tenido que separarse bruscamente de la que iba a ser su esposa, Isabel Bacon, respondió con un gruñido. Pero cuando se elevaron las voces para darle la bienvenida, repitiendo el tratamiento de **general,** se puso en pie y exclamó:

—*Les advierto, señores, que no tengo el ánimo para soportar bromas pesadas. ¡Ordenanza, tráeme una taza de café!*

—*Enhorabuena, general* —dijo un oficial que acababa de entrar en el comedor.

—*¡El que vuelva a llamarme general* —gritó Custer— *sabrá que mi paciencia tiene sus límites!*

—*Para el general Custer* —dijo Sharp, que no había oído sus palabras.

—*¡Eso no se lo tolero a nadie y menos a ti!* —exclamó Custer, dispuesto a pelear con Sharp.

Todos se echaron a reír y Sharp, retrocediendo, le entregó un oficio, mientras el ayudante del regimiento añadía:

—*Cálmese. Custer. No estamos bromeando, se lo aseguro. Dios sabrá el porqué, pero, realmente, es usted general de brigada.*

—*¿Cómo dice...?* —preguntó Custer con la boca abierta.

—*Ésta es la orden del día. Y aquí hay un oficio del Cuartel General dirigido al general de brigada George Armstrong Custer.*

—¿A quién se le habrá ocurrido esta broma? —preguntó Custer, que no podía creer lo que estaba oyendo.

—*No suele bromearse con las órdenes del Cuartel General.*

—*Debe tratarse de un error* —comento Sharp—. *Yo, en tu lugar, Custer, pediría una confirmación.*

—*Pero como yo no soy tú, ni me llamo Sharp... Si cuatro regimientos de Caballería esperan a un general llamado Custer, ¡ya lo tienen!*

Y echó a correr, persiguiendo al sastre que poco antes había despedido con cajas destempladas, pues deseaba encargarle un uniforme a su gusto..., ahora que se lo permitían [3].

* * *

Al término de la guerra civil Custer, fue recibido en su ciudad natal con los honores propios de un héroe, en olor de multitud, tributándosele una manifestación de fervor popular como raras veces se recordaba haber visto por aquellas latitudes.

Eso agradó al militar, henchido en su vanidad, satisfecho de haber alcanzado, en menos tiempo del que podía

---

[3] Es necesario puntualizar que, en el Ejército de los Estados Unidos, los que ostentan el rango de general están autorizados para utilizar el uniforme que prefieran. Baste recordar para ello que, durante la Segunda Guerra Mundial, el general Douglas Mac Arthur usaba gorra de marino, pese a pertenecer al Ejército de Tierra; Patton se cubría con un gorro de cuero y algunos militares utilizaban gorra de visera, parecidas a las usadas por los jugadores de béisbol.

65

imaginar, la cima del éxito y la popularidad. Pero la gloria es efímera y Custer, en este caso, no fue una excepción. El interés de Elizabeth Bacon, que pronto iba a convertirse en su esposa, por recuperarlo para la vida civil fue bien visto desde Washington donde, muchos altos cargos militares, no habían olvidado ni digerido la carambola merced a la cual George Armstrong Custer había llegado a general de brigada.

La nueva vida en la que trató de integrarse al flamante héroe de la Guerra de Secesión fue un auténtico fracaso. Que incluso le precipitó a la bebida.

El general Sheridan fue el padrino de bodas y el capitán Butler —el inglés procedente de los Lanceros Reales— también firmó como testigo. Y al salir de la iglesia, los recién casados pasaron por debajo del arco centelleante formado por los desnudos sables de los compañeros de Custer. Sí, la boda de George Armstrong y Elizabeth fue algo notable, no sólo por el lujo desplegado, sino también por la juventud de ambos, por la belleza de Libby (como familiarmente llamaban a Elizabeth), por la marcialidad y arrogancia de Custer y por la magnífica pareja que formaban.

* * *

Pero como ya hemos avanzado en uno de los párrafos anteriores, la vida civil resultó fatídica para el militar. Acostumbrado a las emociones y sobresaltos de la guerra y la milicia, con el paso del tiempo se fue sintiendo lo mismo que una fiera enjaulada, que un león castrado, que seguía siendo grande pero que, en realidad, ya no tenía a quien rugirle.

Ni tan siquiera el amor, el cariño y la comprensión con que le arropaba de continuo aquella maravillosa mujer que tenía por esposa mitigaron la dolencia moral de George Custer. Además, era muy consciente de que el brillante porvenir que se propusiera alcanzar en el ejército no había pasado de ser flor de un día. La gloria, el honor, la fama, la popularidad, el éxito... quedaron anclados en el pasado.

Y lo peor del caso era que se sentía sin futuro. La gente empezaba a olvidarle. La Guerra de Secesión y las campañas contra los indios quedaban muy lejos ya... Todo esto empezó a minar la resistencia moral de Custer, que acabó visitando con excesiva frecuencia las tabernas, aficionándose demasiado a la bebida y participando en coloquios absurdos con militares retirados, donde se hablaba de los laureles de antaño, de momentos brillantes, de triunfos espectaculares, que a buen seguro nunca volverían a repetirse.

Su afición a la bebida le convirtió en un hombre hosco, malhumorado y taciturno, que incluso a veces se mostraba descortés y airado con su esposa, a pesar de seguirla amando intensamente.

Elizabeth Custer, mujer que a su innata belleza unía una inteligencia poco común a otras féminas, comprendió perfectamente que con el paso de los años acabaría perdiendo al hombre que había querido retener para siempre a su lado. Eso le hizo tomar una decisión importante. Una decisión en la que posiblemente iba a poner en juego su felicidad a cambio de conquistarla para su marido.

Por todas esas razones, Libby, se plantó un buen día en Washington, en el despacho del general Scott.

—*Sheridan, debería haberme avisado* —anunció el general Winnfield Scott, poniendo en pie su crasa humanidad, para besar la mano de la dama.

—*Tío Phil...* —empezó la señora Custer.

—*Sí, sí, me habló de su visita..., pero sin advertirme de que se trataba de la joven más hermosa que he visto en mi vida.*

—*Es usted muy amable, general* —dijo Elizabeth, agradeciendo el cumplido—. *¿Le ha dicho tío Phil el motivo de mi visita?*

—*No... Pero me advirtió que debía obedecerla al pie de la letra.*

—*Se trata de mi esposo.*

—*¡Ah, Custer! Debería haberle preguntado por él. ¿Qué hace ese hombre feliz?*

—*No es tan feliz como parece, por desgracia.*

—*¿Su salud, quizá?*

—*Su salud, afortunadamente, es perfecta, general. Pero la inactividad le deprime. Con su carácter... Fuera del ejército George nunca será feliz, aunque algunas veces procure disimularlo. ¡Oh, general Scott! ¿Sería posible que volviera al servicio activo?*

—*Señora, sé muy bien lo que eso significa para un militar de nacimiento como Custer. El ejército es una droga impresionante e imprescindible para cualquiera que la haya probado. Luego ya no podemos vivir sin ella.*

—*Por favor, general Scott...*

—*Nos vemos obligados a respetar la antigüedad para los nombramientos. Pero, sin duda, hay algo que no me ha dicho, ¿verdad?* —preguntó, al ver que los ojos de Libby se arrasaban en lágrimas.

—*Me cuesta mucho confesarlo* —tartamudeó ella—. *Pero tengo miedo, mucho miedo... Ahora bebe, bebe demasiado, más de lo que él mismo se figura.*

—*¡Ah, ya comprendo!*

—*Hay que hacer algo para salvarlo, general. Es mucho lo que le debemos..., todos.*

—*Tiene usted razón, señora. Le debemos mucho...*

En aquel momento, Elizabeth Custer, comprendió que había ganado la partida y que su viaje a Washington no había resultado estéril.

* * *

De esta forma, pues, regresó Custer el ejército siendo destinado, en 1874, a Fort Lincoln en Dakota del Norte.

Allí le iban a surgir al rubio militar más problemas e inconvenientes de los que nunca hubiese imaginado. En parte, debidos al hecho de que se encontrasen vetas de oro en las Colinas Negras, región que se había entregado a los sioux, quienes, cuando vieron su territorio invadido por los ambiciosos buscadores, se rebelaron. Y en buena parte, también, por la razón de que otros muchos militares no habían digerido aún las espectaculares hazañas del joven general. Incluso el propio Taipe, ahora comisario especial, no se había hecho aún a la idea de que, por un grave error suyo, el hombre que más odiaba en su vida hubiese acabado con la graduación de general el conflicto secesionista. Y fue Taipe —al margen de *Caballo Loco* y el *Gran Espíritu*—, precisamente, quien tuvo mucho que ver en la alocada actuación que debería conducir a Custer y a sus hombres al encuentro con la muerte.

No se puede silenciar tampoco el hecho de que la arrogancia, el despotismo y la megalomanía del propio militar le indujeron a tomar decisiones tan erróneas como precipitadas. Su vehemencia y malos modos, aun sobrándole la razón, le llevaron a ponerse en entredicho delante de una comisión designada por el Congreso, que se había reunido en uno de los salones del Capitolio para escuchar las denuncias de Custer contra el comisionado especial (Taipe) y contra la Compañía Ferroviaria y Comercial del Oeste (representada por William Sharp, padre de un antiguo compañero de armas del ahora coronel). El militar habló fogosamente, casi con violencia, señalando a Taipe y Sharp con rabia acusadora, los cuales escuchaban sus palabras con absoluta tranquilidad e incluso se permitían el lujo de sonreír de cuando en cuando, frente a las salidas de tono y exabruptos del militar, convencidos de que las denuncias de aquél —en la forma y manera que él las pronunciaba— no iban a causar el menor contratiempo a sus planes y negocios.

71

Gracias a su astucia, los Montes Negros habían sido invadidos, los indios atacarían a los blancos, el ejército, con Custer al frente, debería acudir en ayuda de los colonos y no volvería a hablarse de nuevos tratados de paz con los sioux, que serían castigados severamente. Entonces la Compañía podría hacer que el ferrocarril cruzara los Montes Negros, venderían más rifles a los indios... Sí, era el suyo un plan perfecto, sobre todo ahora que iban a librarse de su peor y más peligroso enemigo: CUSTER.

Después de escuchar el furioso alegato del militar, acompañado de una virulencia sin límites, el presidente de la Comisión del Congreso pronunció unas palabras que iban a resultar —tanto como las premoniciones del *Gran Espíritu*— fatídicas:

—LO SIENTO, CORONEL CUSTER. TODAS SUS ACTUACIONES SON VACÍAS Y ESTÁN FALTAS DE CONTENIDO. NO APORTA USTED UNA SOLA PRUEBA MATERIAL EN QUE FUNDAMENTARLAS. POR TANTO, NO PODEMOS ACEPTAR DE MANERA ALGUNA LA MOCIÓN QUE USTED HA PRESENTADO. ES DE TODO PUNTO INADMISIBLE.

Aquí, el héroe, el mito, el hombre de los uniformes espectaculares y las frases grandilocuentes, se vino abajo. Custer había perdido su gran batalla. Aunque eso, de manera física, habría de suceder tiempo después al recibir en **Little Big Horn** un certero disparo procedente del rifle de *Caballo Loco*.

I

Caballo Loco, que lucía plumaje y pinturas de guerra, había abandonado la tienda donde se celebraba la reunión de jefes sioux, poco antes de que ésta concluyera.

Estaba profundamente preocupado.

Llevando a su ágil y espléndido caballo por las riendas, avanzó hacia la orilla del riachuelo que dividía en dos las Colinas Negras, y allí, en cuclillas, permaneció durante largo rato en actitud pensativa.

Transcurrió casi una interminable hora durante la cual el caudillo oglala no varió ni un milímetro su posición. Luego, despacio, se fue alzando de la húmeda tierra y se dispuso a montar el animal, dirigiéndose hacia lo más escarpado de las montañas.

Llegado el momento en que no podía proseguir el empinado trayecto a lomos de su montura, el *piel roja* desmontó, para continuar a pie el ascenso agarrándose firmemente, con manos y pies, a los abruptos y pétreos salientes.

Por fin alcanzó una cima desde la cual parecía poder tocarse el cielo con la yema de los dedos, volviéndose a inclinar en cuclillas.

Al cabo de unos instantes, sin apenas mover los labios, como si hablara entre dientes, pronunció:

—*Gran Espíritu*, ¿puedes oírme?

Silencio.

Caballo Loco, sin impacientarse, dejó transcurrir el tiempo lentamente hasta que, pasados varios minutos, dijo de nuevo:

—*Gran Espíritu*, ¿puedes oírme?

Apenas pasados unos segundos, una voz que daba la sensación de proceder de ultratumba repuso:

—**Gran Espíritu siempre escucha a sus bravos guerreros.**

Una pincelada de luz iluminó el hasta entonces hosco semblante, pintarrajeado semblante, de *Caballo Loco*.

—Necesito tu consejo.

—**Habla.**

—El hombre blanco ha vuelto a invadir las Colinas Negras, después de habernos prometido que estas tierras serían respetadas como propiedades del pueblo sioux. Hemos hecho de ellas un lugar sagrado y los *rostros pálidos* vienen a profanarlas guiados por la ambición del oro. El brillo dorado les enloquece y si no lo evito, *Gran Espíritu*, acabarán por aniquilarnos.

—**Dices bien, *Caballo Loco*.**

—He logrado reunir diversas tribus para convencer a sus jefes del grave peligro que para nosotros representa la presencia del hombre blanco en las Colinas Negras. Pero algunos de ellos se muestran remisos cuando les hablo de pelear... Unos dicen que los jefes militares cumplirán la palabra que nos dieron. Otros parecen temer a la caballería del ejército y a la crueldad de los buscadores de oro. No creo que consiga hacerles entender la terrible realidad que se cierne sobre nosotros.

—Lo conseguirás.

—¿Cómo?

—Transmitiéndoles fielmente la conversación que estás manteniendo conmigo.

—¿Y si no me creen?

—Te creerán. Yo me encargaré de penetrar en sus espíritus y convencerles de la verdad.

Caballo Loco, ahora, se puso en pie sobre el filo agudo de aquel peñasco en el que apenas había sitio para sus dos pies, calzados con suaves mocasines, al tiempo que extendía ambos brazos hacia el cielo como si pretendiera abrazar al ser enigmático e invisible con el que estaba dialogando.

—Dime, ¡oh padre de todo lo hecho!, ¡tú, que cuidas de los espíritus de nuestros antepasados!, ¡qué custodias nuestras vidas y nos guías hacia lo mejor!, ¿debo luchar contra los blancos?

—**Debes hacerlo, *Caballo Loco*. Si no te enfrentas a ellos ahora, jamás podrás detener su avance, y será el fin del pueblo sioux y de todos los otros pueblos indios. El Sol señala ya la hora de la batalla y pronto brillará en el cielo el estallido de la gloria de mis valientes guerreros.**

—Sé que ésa es la única verdad, *Gran Espíritu*. Pero hay algo que también a mí me preocupa y tú debes saberlo. *Pelo Amarillo* [4] y su caballería están aquí.

---

[4] Apodo que los sioux daban al general Custer.

—*Pelo Amarillo* **MORIRÁ, DESPUÉS DE QUE SALGA EL SOL, EL 25 DE JUNIO.**

Si los propios compatriotas de George Armstrong Custer, con sus erróneas decisiones, estaban precipitando al militar hacia la muerte, ahora el *Gran Espíritu*, padre supremo de todo el pueblo sioux, acababa de dictar la sentencia definitiva.

—Parece un hombre inmortal, ¡protegido por no sé qué dioses!

—**Nadie protege ya a *Pelo Amarillo*. Y será tu mano precisamente, Caballo Loco, quien le dé muerte.**

—Será como tú dices, *Gran Espíritu*.

—**¡Será! Yo estaré contigo y con todos en el momento de la Gran Batalla.**

—En tus manos encomiendo mi destino y el de los míos. ¡Lucharemos por nuestra libertad y por nuestros derechos! ¡Defenderemos hasta la última gota de sangre los sagrados recintos de nuestros antepasados!

—**También ellos lucharán a vuestro lado.**

—Eso reconforta mi espíritu.

—**Y debe, además, endurecer tu brazo. No debes tener piedad con el *rostro pálido* porque es nuestro enemigo. Si no le exterminas a él, él te exterminará a ti.**

—Lo sé.

—**Ahora, *Caballo Loco*, vuelve con los tuyos y háblales. El tiempo corre más deprisa que el viento vuela sobre valles, praderas y montañas. Tienes que**

cabalgar a lomos de ese viento y adelantarte al tiempo. ¿Me has comprendido?

—Sí, *Gran Espíritu*.

* * *

Aquella noche *Caballo Loco* convocó una nueva reunión de los grandes jefes para explicarles detenidamente la conversación que, en lo alto de la montaña, había mantenido con el *Gran Espíritu*.

Sitting Bull, con un gesto de duda o quizá de escepticismo pinzando sus facciones cetrinas, manifestó:

—¿No será que los has soñado?

—Mi conciencia está demasiado clara para confundir los sueños con la realidad.

—Tú siempre has sido partidario de atacarles, *Caballo Loco* —argumentó *Mano de Piedra*, jefe de los cheyennes.

—El *Gran Espíritu* también lo es —repuso el oglala, añadiendo—: El hombre blanco ha dejado una vez más de cumplir la palabra empeñada con los *pieles rojas*. ¿Hasta cuándo vamos a seguir consintiéndolo? ¿Hasta que exterminen a todos los pueblos y tribus indios?

—Yo te creo *Caballo Loco* —aseguró *Buitre Raseante*, jefe supremo de los soshones—. Tus palabras están llenas de verdad y de razón, y el que no quiera oírte es que está sordo y ciego. No dudo ni por un momento que el *Gran Espíritu* haya atendido tus súplicas dignándose contestarte. El momento es crítico y me parece de justicia que Él se nos manifieste a través de ti para hacernos saber cuál debe ser nuestro camino. Estoy de acuerdo contigo, *Caballo Loco*: debemos atacar a los *rostros pálidos* y cuanto antes lo hagamos mucho mejor. Ellos, en este momento, no esperan una reacción violenta por nuestra parte. Si les sorprendemos, el éxito de la empresa guerrera estará asegurado. El *Gran Espíritu* lo ha dicho: **debemos cabalgar a lomos del viento y adelantarnos al tiempo.**

—¡Pues yo no creo ni una sola palabra de todo lo que acaba de contarnos *Caballo Loco*! —exclamó, evidentemente ofendido e irritado Madorck, el hechicero de los sioux—. ¡Sólo yo puedo hablar con el *Gran Espíritu*! ¡Sólo a mí puede él contestarme!

Caballo Loco hubo de hacer un gran esfuerzo por contenerse. Su sangre ardiente, que ahora le hervía en las venas, le impulsaba a saltar sobre el hechicero y destrozarle con sus propias manos.

Sitting Bull, buen conocedor del temperamento y las reacciones del vehemente y violento oglala, se interpuso para evitar lo que menos convenía en aquel instante a los intereses del pueblo. Allí se estaba ventilando el futuro de parte de una raza y hubiese sido un grave error permitirse violencias entre ellos mismos.

—Cuando necesitemos tu consejo, lo pediremos, Madorck —anunció *Toro Sentado*, con aire autoritario y circunspecto—. Entre tanto, permite que te recuerde que en esta reunión no tienes voz ni voto. Oye y calla. Si algo no te gusta, puedes marcharte, nadie te retiene, nadie te

79

obliga... A todos nos han parecido un tanto extrañas las palabras de *Caballo Loco*, pero todos sabemos también que es un bravo guerrero y un hombre sensato. De algo estoy completamente seguro: Caballo Loco *no ha mentido nunca, no miente ahora y no mentirá jamás*. Yo, aunque no puedo negar que me quedan ciertos recelos, pienso que él tiene razón: debemos atacar y debemos hacerlo lo antes posible.

Mano de Piedra, jefe de los cheyennes, moviendo su cabeza afirmativamente, anuncio:

—Que el *Gran Espíritu* nos proteja si lo hacemos, ¡pero estoy de acuerdo en que hemos de hacerlo!

—¡Y yo! —gritó enardecido *Buitre Raseante*.

—Estoy con vosotros —dijo, pausadamente, *Búfalo Salvaje*, autoridad máxima de los piesnegros.

La unanimidad entre todos los jefes fue absoluta.

Sitting Bull preguntó entonces a *Caballo Loco*, escueta, lapidariamente:

—¿Cómo?

—Provocando a *Pelo Amarillo*.

—¿Cómo? —insistió machaconamente, inclinada la cabeza sobre las brasas de la hoguera que hervían en el centro del consejo, iluminando los rostros aceitunados de los pieles rojas.

—Un pequeño grupo de guerreros —repuso *Caballo Loco* sin pensarlo apenas un segundo— debe hostigar a muerte a la avanzadilla de los buscadores de oro que se han asentado en la orilla del río al norte de la colina Red. Ni uno solo de ellos debe quedar con vida.

80

—¿Y luego? —quiso saber *Buitre Raseante*.

—Custer es nervioso y obstinado. Desobedecerá las órdenes que haya recibido de sus jefes, poniéndose de inmediato en camino para atacarnos, sin esperar los refuerzos que le han prometido para enviarlos junto con su Séptimo de Caballería contra nosotros. Aniquilaremos a *Pelo Amarillo* y los suyos... Eso dará que pensar al Ejército, y estoy seguro de que entonces darán la orden de que los buscadores de oro abandonen las Colinas Negras. Cuando sepan que gran parte de las tribus están unidas, sabrán también que una guerra podría ser interminable y con vencedor incierto. Nos dejarán en paz, respetando nuestras tierras.

—Sea como tú dices —sentenció *Sitting Bull*. Añadiendo—: Es el momento de comenzar los preparativos. El *Gran Espíritu* ha dicho, por boca de *Caballo Loco*. que debemos adelantarnos al tiempo. Hagámoslo.

II

LITTLE BIG HORN

Cerro de Rosebud, Dakota del norte, 25 de junio de 1876

Al amanecer de aquel día, todos los jefes indios se reunieron en la gran tienda de *Sitting Bull* —al que *Caballo Loco*, en gesto de deferencia hacia su edad y prestigio, había cedido todo el protagonismo del momento—, jefe supremo de los guerreros sioux.

—¿Estáis todos preparados? —quiso saber.

La respuesta fue unánime, afirmativa y contundente. Todas las cabezas se movieron de arriba abajo varias veces, confirmando de nuevo la decisión que ya se tomara en el último consejo.

Toro Sentado, enarbolando el hacha de guerra, la dejó caer al suelo, exclamando:

—¡Sioux!

Los demás jefes imitaron su gesto con una vehemencia rayana en lo espiritual, al tiempo que pronunciaban con vehemencia el hombre de sus respectivas tribus:

—¡Cheyennes!

—¡Mininconjous!

—¡Sans Arcs!

—¡Oglalas!

—¡Soshones!

—¡Piesnegros!

—¡Oh *Gran Espíritu* que moras allá donde todo es la verdad y la paz, protege a tus guerreros que parten en busca de la justicia y la razón! —gritó *Sitting Bull*—. ¡Oh espíritus de nuestros antepasados! —alzó ambos brazos al cielo—. ¡Venid en nuestro auxilio, proteged nuestras vidas, iluminad nuestras gentes, dirigid nuestros brazos contra el enemigo hasta que lo dobleguemos en tierra, mantened firmes las manos que empuñarán los arcos y rifles...! ¡Oh *Gran Espíritu*, a ti y a ellos nos confiamos!

* * *

Las primeras luces del alba iluminaron la larga columna de jinetes que avanzaba por la pradera hacia la estrecha corriente de **Little Big Horn.** Al frente marchaba una patrulla de exploradores al servicio del Ejército. Detrás, y a corta distancia de la cabeza del regimiento, cabalgaba el coronel Custer, acompañado por *California Joe.* Y detrás los soldados les seguían en silencio, convencidos ya de que la batalla era inminente y de que, sin duda alguna, sería desesperada.

Los exploradores se detuvieron de repente y Custer, así como *California*, galoparon para situarse a su lado. En el suelo podía verse el cadáver de un soldado; en su espalda había varias flechas clavadas y uno de los guías indios murmuró:

—Sioux. Éste, no mucho tiempo muerto. Grande grupo de guerreros...

—¡Coronel! —gritó en aquel preciso momento el capitán Butler —¡Vea usted esto! ¡Los sioux!

Desde lo alto de la loma, doscientos o trescientos *pieles rojas* se aproximaban al galope de sus ligeros caballos.

En el acto, Custer dio medio vuelta para ponerse al frente del regimiento, ordenando:

—¡En línea! ¡Saquen... sables! ¡Carguen!

Los seiscientos jinetes espolearon sus monturas y corrieron al encuentro de la caballería india. Los soldados gritaban entusiasmados blandiendo sus sables, pues siempre es más aguda la inquietud antes de la acción que cuando ésta da principio. Y aumentó su frenesí al ver que los *pieles rojas*, cuando se hallaron a un cuarto de milla de distancia, hicieron dar media vuelta a sus cabalgaduras y emprendieron la huida perseguidos por el Séptimo de Caballería.

—¡Adelante, adelante! —gritaban Custer y sus oficiales.

Mas, al llegar al centro del llano, el coronel Custer vio que, a su derecha, aparecía una masa de jinetes indios. Volvió la cabeza a la izquierda y también, al frente, divisó otro grupo de *pieles rojas* que se disponían a rodearles.

Sin duda, allí había tres mil o cuatro mil indios. Inmediatamente alzó la mano para detener al regimiento. Estaba copado, pero aún podía demostrarles a aquellos salvajes cómo luchaban él y sus hombres.

Y aun cuando todo estuviese perdido, defenderían el honor de su bandera hasta las últimas consecuencias, proporcionando a general Terry y a su infantería, además, la posibilidad de salvarse.

—¡Alto! —gritó—. ¡Combate a pie! ¡No os preocupéis de los caballos!

¿Para qué los necesitaban si la fuga era totalmente imposible?

Los soldados echaron pie a tierra con sus rifles y la primera carga de un escuadrón indio se llevó por delante a los asustados caballos. El regimiento formó en cuadro y las armas comenzaron a crepitar, al principio por descargas, pero luego cada combatiente hacía fuego cuando algún *piel roja se le acercaba*.

Desde los cuatro puntos cardinales, los indios cargaron contra los seiscientos hombres de Custer. Éste permanecía en pie, al lado de la bandera del regimiento que se había hincado en el suelo. Con un revólver en cada mano, disparaba sin cesar, animando a sus hombres con el ejemplo y sus gritos.

Los sioux y sus adlátares eran rechazados una y otra vez, pero volvían constantemente a la carga y, aun cuando sufrían elevadas pérdidas, insistían en sus ataques, dándose cuenta de que, poco a poco, disminuía el número de soldados.

Éstos se veían expuestos a los proyectiles de los indios, a sus fechas, y también a sus lanzas, pero luchaban como diablos, sin retroceder un solo milímetro. Cuando los caballos del enemigo se acercaban demasiado, se agarraban a las piernas de sus jinetes y los arrastraban al suelo, donde no tardaban en morir acribillados a balazos o heridos por los afilados sables.

Los oficiales se encontraban en primera línea y, desde el centro del cuadro, Custer se estremeció al ver cómo caía el capitán Butler, aquel aventurero inglés que tanto amaba al regimiento.

Ned Sharp (hijo de William Sharp), que había vuelto a la vida bélica prácticamente obligado por el coronel de los rubios caballos y estilizado bigote de alzadas guías, disparaba sin tregua con un rifle que estaba al rojo vivo, hasta que un balazo le hizo caer hacía atrás. Custer se arrodilló a su lado oyendo decir al moribundo estas palabras:

—Me parece... me parece que era cierto lo que decías acerca de la gloria...

California Joe gritaba como un poseso, insultando a los indios, y profería grandes carcajadas cada vez que mataba a uno de sus antagonistas. Cargaba frenéticamente los revólveres y luego le tendía uno al coronel, disparando él el otro. Custer disparaba con extraordinaria rapidez. Pero no se engañaba a sí mismo, pues veía que cada nueva carga del enemigo representaba la muerte de muchos de sus soldados. Y así hasta que llegó el momento en que apenas fue posible rechazar el impetuoso ataque.

Los pocos soldados supervivientes luchaban con un valor y agresividad dignos de todo encomio —dadas las extremas circunstancias en que se encontraban—, reñían acciones individuales, a veces con las manos desnudas, contra los guerreros indios, pero caían uno tras otro y, en cierto momento, Custer oyó un gemido de *California Joe* y, al volverse, vio en la espalda de éste los mástiles de dos flechas.

—¡Oh... ya no... no podré volver a Califor...!

George Armstrong, desesperado, miró en torno suyo. Estaba solo, en pie, al lado del banderín del Séptimo de Caballería. Todos los soldados habían muerto o estaban gravemente heridos y sin posibilidad de defenderse. El coronel Custer oprimió por última vez el gatillo de sus revólveres.

Estaban descargados.

Los arrojó al suelo ciñéndose su mano derecha en torno de la empuñadura del sable.

Reconoció al jefe que galopaba al frente de la caballería india. Era *Caballo Loco*, con el rostro embadurnado de pinturas de guerra.

Los dos grandes luchadores se hallaban frente a frente. Custer era quizá el símbolo del futuro; *Caballo Loco*, el símbolo de lo tradicional y legendario, el hombre que defendía a su pueblo de las injusticias cometidas por el *rostro pálido*.

El indio, alzando su rifle, realizó un solo disparo.

Custer soltó el sable cayendo de bruces en tierra, mientras el caballo del jefe sioux oglala saltaba por encima de él y *Caballo Loco* se apoderaba de la enseña del Séptimo de Caballería de Michigan, el banderín de aquel puñado de héroes sin vida, que la habían sacrificado por su patria y por su honor...

La sentencia que el *Gran Espíritu* le había hecho saber a *Caballo Loco* en lo alto de la colina, acababa de cumplirse inexorablemente: *George Armstrong Custer, a los treinta y siete años de edad, había librado su postrera batalla.*

El sol ya hacía unos minutos que asomara por el horizonte.

Era el 25 de junio de 1876.

Custer había muerto.

EPÍLOGO

Al atardecer, *Caballo Loco*, al paso de su montura, despacio, regresó al punto donde se había librado la cruenta batalla. Al llegar cerca del cuadro donde se amontonaban los cuerpos sin vida de los hombres del Séptimo de Caballería, desmontó lentamente y, avanzando

después por entre los muertos, fue a ponerse en cuclillas al lado del coronel Custer.

Durante un largo período de tiempo contempló en silencio aquellos ojos azules, vidriosos, carentes de luz, que ya no podían devolverle la mirada, y las pálidas facciones del militar.

Luego, con voz ronca en la que parecía vibrar una nota emocionada, susurró:

—Sé que no puedes oírme... pero tu espíritu quizá sí.

Calló durante unos segundos, para luego añadir:

—Debo confesar que siempre te he admirado, *Pelo Amarillo*. Porque un bravo guerrero indio siempre admira a otro bravo guerrero, aunque éste sea su enemigo.

Hizo una nueva y breve pausa, agregando:

—Estoy seguro de que esta mañana los sioux le hemos dado un mártir, porque como héroe ya eras considerado, al Ejército de los Estados Unidos. Significabas muchas cosas y representabas otras tantas, aunque quizá no todas las que tú suponías. Porque de ser así, quizá ahora no estarías muerto. Pero era tu destino, el destino que te reservaba el *Gran Espíritu*. Me recuerdas, cuando ya no eres nada, a ciertos protagonistas de algunas leyendas indias: guerrero, temerario, despreciando siempre la vida... Me pregunto si todo eso ha satisfecho de verdad tu vanidad como militar y como hombre. En efecto, creo que sí. Al menos yo me sentiría orgulloso de haber muerto como tú... Por otra parte, *Pelo Amarillo*, puedes estar seguro de que no me satisface lo más mínimo haberte dado muerte. Pero así lo había dictado el *Gran Espíritu* y, además, pienso que era necesario.

Volvió a enmudecer.

Después, alzando la enseña del Séptimo de Caballería que había traído consigo, la clavó a los pies del cadáver de Custer, diciendo:

—Entre otras razones he venido también para devolverte un pedazo de tu honor. La bandera por la que tan bravamente te has batido... Estoy seguro de que con el paso de los años darás motivo para muchas leyendas. Ésos a quienes llaman historiadores hablarán de ti, diciendo alguna que otra verdad y muchas mentiras. Porque ellos no han estado hoy aquí, en **Little Big Horn,** y tendrán que imaginar demasiadas cosas. No sabrán, por ejemplo, de mi fugaz regreso a tu lado; ignorarán que *Caballo Loco* ha venido a rendirte, quizá, el único homenaje sincero. Un enemigo, tras dar muerte a otro, ya no tiene por qué mentir. Y yo jamás he mentido. Custer... *Pelo Amarillo*, desde el mismo instante en que te he quitado la vida, te he convertido en leyenda. Puede que alguna vez, en algún lugar, podamos decir que tu sacrificio y mi victoria han servido para abrir el camino de la paz entre nuestros pueblos...

En aquel mismo instante, una voz de ultratumba, exactamente igual a la que *Caballo Loco* había escuchado pocas fechas antes en el punto más alto de las Colinas Negras, pareció descender desde el cielo, asegurando:

91

—Mientras existan un solo *piel roja* y un solo *rostro pálido* pisando la misma tierra, será imposible la paz.

Caballo Loco alzó los ojos hacia el infinito, pero no pronunció una sola palabra.

Con igual lentitud que al llegar regresó junto a su cabalgadura, abandonando al trote el escenario donde el Séptimo de Caballería de Michigan había escrito el último capítulo de su historia.

EL LUGAR DE LAS AGUAS

La luz primaveral bañaba la tierra haciendo florecer los árboles y adornándolos con ramas tiernas de recientes brotes. Todo parecía haberse convertido en un paraíso de esplendor, dando a los colores una intensidad increíble, un fulgor que casi dañaba las pupilas.

La naturaleza explotaba lujuriosa y muchos animales parecían nacer a una nueva vida, o como mínimo renacer de la anterior.

Fue entonces cuando el jefe de los castores dijo a los suyos:

—Ha llegado la hora de construir una extensa hilera de casas a la vera del río. De esta forma dispondremos de un rincón cálido y acogedor para cuando vuelvan los rigores del invierno.

Todos los hombres castores se afanaron en la tarea de roer la parte baja del tronco de los arbustos, en tanto que las mujeres se preparaban para recoger en los cercanos bosques las raíces recientes y las bayas que, tras secarse, servirían de nutrición para el invierno. Después de secar sus cestas, pusieron a sus retoños a la espalda en planas cunas de madera con acolchado de pulmón de cisne y jilguero, sujetándolas con tiras de pelo de búfalo trenzado.

El jefe del poblado tenía una hija muy bella. Aún nadie se había acercado a ella con serias miras matrimoniales y su padre la hacía objeto de una estrecha vigilancia. Y no es que no hubiese muchos jóvenes deseosos de contraer nupcias con la hermosa, pero normalmente los que a ella parecían interesarle eran al punto desechados por su progenitor, mientras que él elegía los que no eran del agrado de la muchacha: ya fuese por viejos, ya fuera por feos.

Todos los pretendientes, bien para el padre, bien para la hija, tenían algún que otro defecto.

El lobo, de buenas a primeras, hizo acto de presencia.

—Quiero a tu hija —anunció—. Soy valiente, tengo fuertes y fieros dientes, y podré protegerla contra todos los peligros.

—No me disgustan tus palabras —admitió la muchacha castor—. Siempre he pensado en alguien que me protegiera del cualquier peligro.

—Quiero a tu hija —insistió el lobo en tono pendenciero—. Dámela o llamaré a mis hermanos... ¿Queréis acaso los castores probar nuestros dientes? ¿Cómo podrás defenderla tú, ya viejo y achacoso, si decido llevármela por la fuerza?

—De esta manera —repuso el jefe castor, cogiendo a su hija al tiempo que ambos se zambullían profundamente en el río, para aparecer después en la superficie, y luego, en su propia casa.

Entre tanto, el lobo corría de un lado para otro a lo largo de la orilla, aullando ferozmente.

—¿Deseas de verdad un marido como éste, que se comporta como un niño mal educado? —preguntó el jefe castor a su primogénita.

Ella, inclinando la cabeza un tanto confusa y aturdida, repuso:

—No, claro...

Aunque continuaba pensando que el lobo debía ser muy fuerte y valiente, capaz de protegerla contra todo. Pero claro...

Llegó entonces el gato montés.

—He venido para casarme con tu hija.

—Mejor que te responda ella, ¿no? —contestó, interrogante, el padre de la asediada. Aunque el gato montés no le disgustaba porque observaba en él exquisitos modales.

La muchacha lo vio. Y su padre le dijo las pretensiones del singular depredador de los montes. Tras reflexionar unos instantes al respecto, la joven preguntó:

—¿Cuán lejos puedes nadar?

Al gato montés se le abrieron enormemente los ojos. Tanto que daba la sensación de que de un momento a otro iban a caérsele de las órbitas.

—¡¿Nadar...?! Nadar, ¿dices? ¡Jamás hago *eso*! Sólo me acerco al agua cuando la sed quema mi garganta.

Una pícara sonrisa iluminó las hermosas facciones de la muchachita castor.

—Entonces, ¿cómo podrás construirme una casa en el río? Observa cómo todos nuestros jóvenes lo están haciendo.

—Yo no tengo por qué vivir en el río —repuso el gato montés—. Habito una cueva en las montañas Ozark.

—Pues vuelve allí, pero solo —sentenció ella, añadiendo—: Yo vivo en el agua.

Y así diciendo, la joven se sumergió hasta el fondo, emergiendo en su casa al lado de su madre.

El siguiente en pretender la mano de la bella fue el oso que, juntamente con papá castor, fumaron, mientras conversaban con alegría de aquellos lejanos tiempos en que ambos eran jóvenes. Por último, el castor jefe hizo venir a la hija, para decirle:

—Pienso que éste sí será un buen marido para ti —y señalaba al oso. Y se puso a describir las virtudes del solicitante—: Vigila el camino y se mantiene en vela igual que nosotros, come nueces y bayas, me consta que no le teme al agua y a veces, incluso, va a pescar.

La muchacha, tras inspeccionar con descarado detenimiento al que pretendía desposarla, anunció:

—Padre, no quisiera ser desagradable, pero ese sujeto es casi tan viejo como tú y, además, no es precisamente un modelo de belleza. Por otra parte, ¿de qué iba a servirme un marido que se pasa la mitad del año durmiendo? No, padre, yo ansío un compañero fornido y joven, al que pueda exigirle lo mismo que yo puedo dar.

El oso se lo tomó bien y sonriendo, al tiempo que meneaba la cabeza con aire comprensivo, dijo:

—Creo que la muchacha tiene razón, amigo castor. Además es muy terca, como todos los jóvenes... ¿Piensas que a mi edad me veo con fuerza para «domesticarla»?

El jefe castor, mirando a su hija con el ceño fruncido, anunció:

—¡No sé lo que voy a hacer contigo, pequeña! ¿Es que no te das cuenta de que no puedes pasarte la vida rechazando a todos los que se acercan a ti?

—Bien, padre... Intentaré encontrar a alguien que nos satisfaga a los dos.

Pocos días después, la joven castor, paseaba por el bosque. Estaba aburrida y un poco decepcionada porque no aparecía la forma idónea de solventar su vida sentimental. Mientras iba caminando por los aledaños del río, seguía envuelta en el hilo de sus acuciantes pensamientos hasta que, de pronto, descubrió un caparazón de caracol en la orilla, redondo, ondulado, con listas blancas y marronáceas.

—¡Es precioso! —exclamó la hija del jefe castor sin poder contenerse, al tiempo que alargaba la diestra para levantarlo.

El caracol, al punto, se desenrolló, emergiendo de su concha, tomó la mano de la joven para erguirse en ella, mostrándose fuerte y espléndido.

—¿Quién eres? —quiso saber ella.

—Soy tu marido —repuso él, sin vacilar.

Sin embargo, la joven castor no se sorprendió lo más mínimo, limitándose a observar:

—No sé lo que pensará mi padre. Ya se ha opuesto a cientos de pretendientes.

—Pues vamos a consultarle —razonó con toda lógica el caracol.

Fueron.

—Padre —le mostró al ondulante y valeroso «caballero» del endeble caparazón—, éste es el hombre que he elegido y el que me ha elegido a mí.

A papá castor aquello le pareció de lo más extraño y anómalo, pero, no obstante, manifestó sus dudas con cierta prudencia:

—¿Crees que... que te podrá proteger?

—Estoy convencida de ello.

El jefe castor, encogiéndose de hombros y con cierta expresión dubitativa en sus facciones, admitió:

—De acuerdo. Cásate con él. Al menos pertenece al *lugar de las aguas* —y mirando al caracol, agregó—: Quédate con nosotros, muchacho, y te casarás con mi hija de acuerdo con nuestros ritos.

—Será un placer, jefe castor.

El padre hizo venir a sus cuatro esposas, las cuales se encargaron de vestir a la muchacha para la boda. Y en demostración de que ella era la primogénita de un jefe, la vuelta de ambas manos le fue tatuada con una araña, y para que quedase de manifiesto que ya había crecido lo suficiente como para casarse, sus mejillas le fueron teñidas con pintura roja. Después la revistieron con siete faldas y siete blusas adornada cada una con botones elaborados con caparazón de almeja. Por último las mujeres pusieron siete esteras para que la joven tomase asiento, y seis más para el novio caracol, representando de esta manera las trece direcciones de las trece estrellas guía y los trece clanes **Osage** que vendrían.

Finalmente, el jefe castor otorgó sus bendiciones a la pareja y la madre de la muchacha colocó una vasija con sabrosa carne y grano ante ellos. También hizo entrega de una cuchara de madera a cada uno para que iniciasen su primera comida en común. Posteriormente el jefe castor les construyó una vivienda en la que, una vez finalizada, se instalaron los novios tras contraer matrimonio.

Con la llegada del buen tiempo la joven castor tuvo descendencia, varón y hembra, y como ninguno de ellos podría ser caracol ni castor, se convirtieron en los primeros seres humanos que iniciaron su andadura sobre la tierra y en los primeros **Osages.** Las personas ya estaban en el mundo, pero continuaron confeccionando sus casas de igual forma que lo hacían los castores [5].

---

[5] Esta leyenda, **Osage-Sioux,** es de procedencia anónima y ha sido citada con anterioridad por otros autores.

EL SIOUX QUE SE DESPOSÓ CON LA HIJA DEL JEFE CROW

Una partida de siete jóvenes avistó un **tipi**[6] solitario que se erguía junto a una cerrada franja boscosa. Los guerreros quedáronse quietos, inmóviles y en absoluto silencio, aguardando hasta el anochecer, para enviar entonces a uno de sus guías para que averiguase si se trataba de un campamento enemigo.

Tras oscurecer por completo y sintiéndose a salvo con la complicidad de las tinieblas de la noche, eligieron a uno de los guías para que se acercase solo a realizar las investigaciones pertinentes. Entre los guías se encontraba uno muy famoso por su valentía y hazañas guerreras, que se llamaba *Halcón Volador*. Fue el seleccionado para obtener los informes que se necesitaban.

---

[6] El nombre procede de la palabra *dakota* **tipi**, que significa «lugar donde alguien vive». Las mujeres alzaban el **tipi**. Clavaban tres postes en tierra, uno al norte, otro al sur y el tercero al oeste. Contra estos postes apoyaban veinte pequeñas pértigas para formar una estructura cónica. La última pértiga se usaba para tensar la cubierta de la tienda, formada por veinte pieles de búfalo cosidas unas a otras. Cuando los indios se mudaban de lugar se servían de esas pértigas para hacer un **travois** sobre el cual cargaban las pieles y demás objetos.

Le dijeron que explorase con cautela el terreno y que, en caso de tratarse de gente enemiga, eligiera el mejor enclave para realizar el ataque. Los otros seis guerreros aguardarían prudentemente su regreso. Fue el explorador a cumplir su cometido, procurando no producir el más leve chasquido, acercándose a hurtadillas al campamento. Cuando estaba cerca de la tienda se sorprendió de no ver ni escuchar ladridos de perros, ya que los sioux los dejaban siempre en el exterior para que avisasen con su onomatopeya de la presencia de cualquier extraño. *Halcón Volador* fue acercándose lentamente a la puerta del **tipi** y, atisbando por una rendija de la misma, distinguió tres bultos sentados en el interior. A la derecha del hogar se hallaba un anciano, a su lado una anciana, y una muchacha joven ocupaba el lugar distinguido, frente a la puerta.

Halcón Volador había estado casado pero su esposa falleció cinco inviernos atrás. Jamás le paso por el pensamiento contraer nuevas nupcias pero ahora, cuando sus ojos resbalaron sobre el rostro de aquella joven, creyó estar viendo de nuevo a su desaparecida mujer. Se deshizo de las cartucheras y el cuchillo dejándolos, con el fusil, a un lado de la tienda. Acto seguido, y en un gesto de gran audacia, penetró en el **tipi** y, acercándose al anciano, le estrechó la mano, haciendo lo propio después con la anciana y, finalmente, tomó la diestra de la joven.

Finalmente tomó asiento al lado de la bella muchacha y así quedaron los cuatro, sin que ninguno hablara.

Por último, *Halcón Volador* rompió el silencio diciendo:

—Hace cinco inviernos que mi esposa se fue al lugar donde mora el *Gran Espíritu*. Me he acercado hasta aquí y, al ver a esta hermosa joven que se parece tanto a ella, no he podido resistir la tentación de entrar y... Sé que sería un buen esposo... —y mirando a la pareja de ancianos, fijamente, preguntó—: ¿Podéis permitir que me case con vuestra hija? Me quedaré en esta aldea, si consentís, a vivir con vosotros.

El anciano, aún sin pronunciar palabra, pareció que entendía las buenas intenciones de *Halcón Volador* y éste entonces, en un rasgos de espontánea sinceridad, explicó que una partida de guerreros se encontraban al acecho a poca distancia de allí.

Así que prepararon los caballos en profundo silencio, levantaron la tienda de inmediato e iniciaron una rápida pero silenciosa huida. Los guerreros sioux, entre tanto, aguardaron pacientemente toda la noche el regreso de su explorador y, cuando los primeros rayos del sol estallaban por el horizonte, se dieron cuenta de que el **tipi** se había esfumado, suponiendo de inmediato que sus moradores habían descubierto la presencia de *Halcón Volador* y desapareciendo de allí tras darle muerte.

Mientras, la partida de caza, pues tal era el grupo al que *Halcón Volador* se uniera, se apresuraba a poner la mayor distancia entre ellos y los guerreros sioux. Se pasaron toda la jornada viajando y al anochecer ascendieron por una elevada colina, mirando al valle del otro lado. Un campamento interminable se extendía en un tramo de algo más de dos millas junto a una de las márgenes de un pequeño riachuelo.

Entonces, el anciano, dirigiéndose por primera vez al explorador, le dijo:

—Tú aguarda aquí con las dos mujeres. Yo ir al campamento para preparar la presencia de un enemigo en la aldea.

El anciano, ya en el campamento a lomos de su cabalgadura, se dirigió al **tipi** más grande de la aldea. *Halcón Volador* pudo observar, desde la distancia, cómo varios hombres se reunían en torno a la tienda. La multitud fue haciéndose más numerosa por momentos. Por último, y tras dispersarse, se izaron en lo alto de sus monturas, partiendo hacia el punto donde esperaban *Halcón Volador* y las dos hembras. Tras rodearles, indicándoles que les siguieran, regresaron despacio a la aldea, cantando y galopando a su alrededor.

De nuevo en la aldea, se dirigieron al gran **tipi** indicándole a *Halcón Volador* que ocupara el puesto de preferencia en el mismo. Y quedaron muy sorprendidos de lo perfectamente que aquel sioux hablaba el lenguaje de los crows.

Todo resultó mucho más sencillo de lo que el explorador enamorado hubiese podido imaginar.

Debes prestar juramento de alianza con nuestra tribu. *Halcón Volador*, alzando la diestra con la palma al frente, pronunció:

—Lo juro por el honor de mis antepasados.

—Sea.

Hecho tan simple ceremonial, le fue obsequiada la joven con la que deseaba casarse y también muchos caballos pintados.

La mujer le habló por primera vez, diciendo:

—Seré tuya hasta la muerte y fiel hasta la última gota de mi sangre.

Halcón Volador vivió con su esposa y con su nuevo pueblo durante tres años. En este período se produjeron cuatro batallas entre los sioux (los de su casta) y el pueblo crow, al que pertenecía su esposa de hecho y de derecho y juramento.

Ni en una sola de aquellas confrontaciones portó armas; tan sólo un palo grande de sauce con el que golpeaba a los sioux caídos.

Transcurridos dos años más, *Halcón Volador* tomó la decisión de visitar a su propia tribu y su suegro, que como es obvio era un jefe importante, mandó de inmediato que los habitantes de la aldea fuesen informados de las intenciones de su yerno y que, para demostrarle su buena voluntad y respeto, le llevaran caballos para que los regalase entre las gentes de su pueblo.

Siendo escuchado esto, recogieron las manadas y durante el resto el día no pararon de llegar a la tienda de *Halcón Volador* y, cuando éste se hubo preparado para el viaje, fueron elegidos veinte jóvenes para que le acompañaran hasta las inmediaciones de su aldea.

La veintena de mozos llevaron las monturas, doscientas cincuenta cabezas en total, hasta menos de una jornada del pueblo de *Halcón Volador*, el cual, temiendo a partir de allí por la seguridad de ellos, les mandó regresar a su propia aldea.

El explorador fue recibido entre los suyos como si regresara de entre los muertos, pues todos estaban convencidos de que lo habían asesinado aquella noche que partiera a reconocer en solitario un campamento enemigo. Celebraron su vuelta con un gran ágape y danzas, repartiéndose los caballos entre los más necesitados del lugar.

Por espacio de un año estuvo *Halcón Volador* en la aldea sioux, decidiendo un día que era ya el momento de volver junto a su esposa. Le regalaron para que se los llevase a ella mantos, vestidos, gorros y mocasines.

Él, entonces, se despidió de los suyos, afirmando:

—No pienso regresar jamás aquí, porque he tomado la irrevocable decisión de vivir el resto de mis días con mi mujer y su pueblo.

Al llegar a la aldea de los crows, halló a su suegro moribundo, acabando por fallecer al cabo de pocas fechas. Por decisión unánime y tras la muerte de aquél, *Halcón Volador* fue nombrado para ocupar la jefatura que ahora quedaba vacante.

Más tarde intervino en batallas contra su propio pueblo y en la tercera de éstas perdió su vida en el campo. Los guerreros crows le llevaron con profundo dolor al campamento y fue muy sentido el duelo que tuvo lugar por el guerrero que acudía siempre, sin armas, a la lucha; sólo con una vara de sauce.

De esta forma concluyó su singladura por la tierra uno de los guerreros sioux más valerosos que haya quitado la cabellera a un enemigo y que, por amor a su esposa, abandonó hogar, familiares y amigos, muriendo en el campo de batalla a manos de alguien de su propia tribu.

HISTORIA DE UN JEFE DAKOTA

En un campamento dakota vivía un indio al que le encantaba salir frecuentemente a deambular por las praderas, quedándose en ellas mientras iba de una parte a otra sin rumbo fijo. En ocasiones le acogían en otros campamentos, donde por las noches escuchaba atentamente enigmáticas historias referidas a espíritus sagrados, bisontes y antiguas costumbres del pueblo.

Cierto día de primavera preparó sus armas y provisiones, partiendo el rayar el alba. Cuando al astro rey se encontró en lo más alto sobre la pradera, sentóse a la sombra de un matorral, tomó agua de una charca y extrajo sus vituallas. Era hombre de gran respeto hacia las tradiciones y no descuidó invitar a los espíritus para que acudiesen a compartir su comida.

Al punto oyó una voz que exclamaba:

—¡Gracias!

El indio miró a su alrededor sin distinguir ninguna presencia. Se trataba de un hecho ciertamente insólito y eso hizo que un escalofrío azotara su fornida naturaleza.

—No debes tener miedo —prosiguió la misteriosa voz—, porque mis compañeros y yo somos dakotas lo

113

mismo que tú. Sucede que nadie nos invita nunca a comer, aunque son muchos lo que pasan por este lugar. Eres muy amable al permitirnos saciar nuestro apetito, ya que tenemos hambre.

El cazador observó entonces cómo se perfilaba entre los árboles del matorral la atlética figura de un dakota pintado con los colores de guerra, adornado con el capote y con el collar de pelea. Sobre la cabeza llevaba, además, un enorme tocado de plumas. El aspecto del desconocido evidenciaba, sin duda, que había sido un guerrero —seguramente un jefe— muerto en batalla.

—Hace muchas lunas hubo aquí un enfrentamiento entre chippewas y sioux —anunció—. Todos los que caímos en el campo de batalla estamos aguardando el momento de ser admitidos en los Felices Campos de Caza —y tras estas palabras llamó a los demás espíritus para que acudiesen a comer.

El indio veía cómo sus provisiones se esfumaban a velocidad de vértigo, pero sus huéspedes seguían siendo invisibles, a excepción hecha del jefe que le había hablado.

Cuando los espíritus hubieron calmado su voraz apetito y el hombre también terminó de comer, el jefe se dirigió de nuevo a él:

—En agradecimiento por tu hospitalidad voy a darte una información que te será muy útil. Esta noche tendrás que enfrentarte a un peligro, pero si eres hábil y astuto podrás salir con bien de la prueba. Pronto te hallarás delante de una manada de bisontes de los que deberás matar uno.

114

Después de despedirse, el dakota prosiguió su viaje, cabalgando hasta el anochecer. Se disponía a acampar cuando hasta sus oídos llegaron los mugidos de varios bisontes.

Apuntó al más grande y lo hirió. Los demás, en vez de seguir adelante y abalanzarse sobre él, se dispersaron, asustados, por la llanura. Entonces remató a golpes de *tomahawk* (hacha) al animal herido, lo desolló, escogiendo al final los mejores pedazos de carne. Luego los guisó al fuego preparando la comida para sí y para los espíritus.

—¡Espíritus! —clamó—. ¡Venid a compartir los alimentos!

Acudieron todos con gran presteza, comiendo alegremente. Pero como sucediera la vez anterior, sólo escuchaba las voces de sus misteriosos comensales, que seguían siendo invisibles, salvo el jefe, al que sí podía ver.

—Ahora debes mantenerte atento de nuevo —le advirtió este último tras el refrigerio—. No olvides mis palabras, pues no tardarás mucho en enfrentarte a otro peligro.

Y así hablando desapareció.

El dakota dispuso entonces lo imprescindible para pasar la noche, confeccionando un lecho relativamente cómodo con los elementos de que disponía. Y dejó al alcance de su mano arco, flechas y el hacha de guerra.

Apenas acababa de conciliar el sueño cuando fue despertado por un extraño ruido.

116

Con pánico identificó el gruñido de un terrible oso gris y, de un brinco, se puso en pie con las armas preparadas y dispuesto a defenderse.

Bajo los destellos de la Luna que rielaba el cielo captó, en las inmediaciones, la maciza y agresiva silueta del fornido oso que avanzaba rectamente hacia él.

Con la rapidez de una centella el dakota se izó en lo alto de un arbusto. Resoplando furioso, al tiempo que batía su cabezota enorme de un lado para otro, el plantígrado se proyectó contra el árbol, comenzando a trepar, lenta pero inexorablemente.

El indio tenía un pánico cerval.

Pero de súbito acudieron a su mente las palabras del espíritu del jefe:

—... si eres hábil y astuto podrás salir con bien de la prueba.

El oso gris ya había plantado una de sus zarpas anteriores muy cerca de él. Sus voluminosas y afiladas uñas se clavaban con decisión en el tronco del árbol. El cazador proyectó su *tomahawk* cortándoselas con absoluta limpieza. El animal gruñó rabiosamente al tiempo que avanzaba la otra zarpa, pero con un nuevo golpe bien asestado perdió también su uñas. Entonces cayó al suelo pesadamente, fragmentándose la cabeza.

Fue entonces cuando en el silencio de la noche se escuchó el estallido de risas y gritos: eran los espíritus que había sido testigos de la escena y aplaudían con euforia a la astucia y decisión del dakota.

Sin embargo, las carcajadas fueron interrumpidas de pronto por la voz del jefe:

—¡Sigue en lo alto del árbol! ¡No te muevas de ahí!

Un alud de carne peluda se precipitaba de nuevo en dirección al arbusto donde estaba encaramado el indio. Se trataba de la osa, que, tras husmear el cuerpo del macho muerto, gruñó con fiereza, llena de ira y dolor.

—¿También quieres morir, osa boba? —exclamó el cazador—. ¿Es que no ves cómo ha terminado tu compañero?

Enfurecida, la hembra trepó al arbusto, pero también a ella le fueron cercenadas las uñas con el hacha, corriendo igual suerte que el macho.

Después de desollar ambos animales, el dakota se durmió tranquilamente hasta el nuevo amanecer. Ese día los espíritus y él tuvieron un ágape en verdad opulento, con carne de oso y bisonte.

—Aún te esperan más aventuras, amado hermano —le advirtieron los espíritus—. Sigue actuando con astucia y valentía y saldrás victorioso de todas ellas. Nosotros prometemos no abandonarte.

Aquella tarde cabalgó en dirección a su campamento. Anochecía cuando se vio obligado a matar una hembra de bisonte, dedicando a los espíritus los bocados más suculentos. Mientras estaba ocupado en tan selectos menesteres escuchó muy cerca el mugir enfurecido del bisonte macho.

El animal corría a toda velocidad con la cornamenta en posición de carga.

El dakota apenas si dispuso del tiempo preciso para brincar como un gamo y refugiarse en la guarida desierta —afortunadamente— de un lobo gris. Utilizando los cuernos y las patas, el bisonte hendía en la tierra buscando el cuerpo del cazador.

Veía el indio las patas de la bestia escarbando muy cerca de él y, blandiendo el hacha con destreza y fuerza, se las partió una por una. El bisonte se desplomó como fulminado por un rayo y el hombre, abandonando su providencial refugio, salió, matándolo con un tremendo trallazo entre los cuernos. Entre tanto, los espíritus que le habían seguido no cesaban de gritar con admiración, mostrándose muy orgullosos por el nuevo triunfo del dakota.

Aquella noche, cuando como de costumbre compartían la comida, el jefe le felicitó por su valor y destreza, advirtiéndole, no obstante, que todavía le aguardaba la prueba más difícil.

—Mañana por la mañana deberás trenzar tus cabellos —le aconsejó— y embadurnarte la cara con las pinturas de guerra, porque te encontrarás con ocho chippewas que van en busca de dakotas. Cuando los avistes das un rodeo desviándote hacia el Norte. Entonces te perseguirán, pero tú no debes volverte, deja que sean ellos los que disparen primero. Sólo cuando te hayan lanzado cuatro flechas te darás la vuelta para responder al ataque, sorprendiéndoles. Si así lo haces, salvarás la piel conquistando gran gloria al llevar a tu gente las ocho cabelleras.

No pudo durante la noche conciliar el sueño ni un solo segundo.

Peinó en trenzas sus cabellos, afiló el *tomahawk*, preparó el arco y las flechas y se pintó cuidadosamente el rostro con los tonos de guerra.

Después aguardó la llegada del alba.

Cuando la primera claridad del día puso una nota de color en los árboles y praderas, montó en su caballo partiendo en la dirección indicada por los espíritus.

Apenas la arboleda quedaba a sus espaldas, tuvo el presentimiento de que era seguido, pero de acuerdo con las instrucciones recibidas no se volvió. De súbito surgió en el aire el grito de guerra de los chippewas y la primera flecha pasó silbando muy cerca del dakota quien, inclinándose al máximo sobre el lomo de su montura, prosiguió la carrera.

—¡El muy cobarde huye! —bramaron los chippewas.

Pero el indio siguió sin volverse.

Apenas la cuarta flecha fue a clavarse en tierra, hizo dar un brusco giro a su caballo. Y se lanzó con ímpetu endiablado contra sus enemigos.

En vano éstos dispararon sus flechas, pues manos invisibles las apartaban una y otra vez del cuerpo del dakota, que los mató uno por uno.

Cuando el Sol estuvo sobre su cabeza, el valiente apretaba en el puño ocho cabelleras chippewas.

En aquel preciso instante la erguida y majestuosa figura del jefe se le presentó de nuevo. Y anunció:

—Tus pruebas han concluido.

121

—¿De veras...? —suspiró profundamente y con alivio el guerrero.

—Sin duda alguna —le respondió el espíritu visible—. Has demostrado ser un hombre bueno, un magnífico y audaz cazador, e increíblemente temerario en la lucha. Tienes dignidad de jefe. Ahora regresa con tu gente. No existe ya peligro que pueda amenazarte y nosotros podemos volver al lugar del que procedemos.

Antes de que el dakota tuviera la más mínima opción de manifestarle su agradecimiento, la imagen había desaparecido en el aire y ya no volvió a verla jamás.

Al anochecer avistó su campamento.

De acuerdo con las tradiciones y costumbres, clavó ocho palos en tierra colocando, en lo alto de cada uno de ellos, las cabelleras chippewas.

Después reunió a los guerreros y todos danzaron alrededor de aquellos trofeos victoriosos.

El hombre fue escoltado hasta el campo como un héroe, y las mujeres y los niños surgieron del interior de los **tipis** para rendir tributo de pleitesía al valiente que, solo, se había deshecho de ocho enemigos, aniquilándolos.

Esta acción le valió ser nombrado jefe.

De esta forma los espíritus le transmitían su beneplácito por la generosidad que en su momento demostrara compartiendo con ellos compañía y alimentos[7].

---

[7] Esta leyenda, **Dakota-Sioux**, es de procedencia anónima y ha sido citada con anterioridad por otros autores.

EL MAESTRO CARPINTERO
Y EL SUDESTE

Una leyenda haida narra cómo el *Maestro Carpintero*, un ser sobrenatural, fue a la guerra con el *Sudeste* (el viento del Sudeste) en Sqa-i, un pueblo que se halla en el extremo sur de las islas de la Reina Charlotte.

El viento del Sudeste es particularmente fuerte y ruidoso en dicha costa, y fue con la intención de castigarlo como el *Maestro Carpintero* le retó. Sin embargo, ante todo, se dispuso a construirse una canoa. La primera que hizo se le agrietó y tuvo que tirarla. La segunda también se hizo pedazos, no obstante el hecho de que la hubiera confeccionado mucho más robusta que la anterior. Una y otra construyó, cada una más resistente que la última, pero fracasó en cada una de las tentativas y finalmente, irritado por su escasa destreza, estuvo a punto de desentenderse de la tarea.

Y así lo habría hecho de no ser por la puesta en escena del *Mayor Bufón*.

Hasta ahora el *Maestro Carpintero* había estado intentando formar dos canoas de un tronco con la ayuda de unas cuñas. *Mayor Bufón* se quedó mirándolo un rato, divertido por su torpeza, y le enseñó después que debía trabajar con cuñas dobladas. Y pese a que fuera la última persona de quien habría imaginado aprender algo, el fracasado constructor de canoas hubo de admitir la sugerencia, de la que obtuvo excelentes resultados.

Cuanto estuvo satisfecho de haber fabricado una magnífica canoa, la soltó en el agua y salió navegando en busca de *Sudeste*.

Poco a poco flotó hasta la residencia de su enemigo, y cuando supuso estar encima de ella se levantó en la canoa para retarlo.

No obtuvo respuesta.

Volvió a llamarle y esta vez una rápida corriente empezó a flanquearlo, llevando en su superficie una cantidad de algas. Al astuto *Maestro Carpintero* le pareció divisar el pelo enredado de su antagonista que flotaba entre las algas. Lo agarró y, acto seguido, llego *Sudeste*. En un arrebato de pasión este último llamó a sus sobrinos para que le socorriesen. El primero en llegar fue la nube roja tormentosa. Acto seguido un rojo oscuro cubrió el cielo. Luego los colores tormentosos se esfumaron y el viento se izó con fuerte susurro.

Cuando el viento hubo alcanzado su mayor velocidad, fue llamado otro, el *Destructor de las Copas de los Árboles*. La ventolera se intensificó hasta convertirse en huracán y las copas de los árboles salieron volando y fueron transportadas en el aire y cayeron pesadamente alrededor de la canoa, donde el *Maestro Carpintero* estaba empleando sus artes mágicas para protegerse. Otro vien-

to fue invocado, el *Agitador de los Guijarros*, que hizo que las piedras y la arena saliesen volando mientras gritaba en respuesta a sus invocaciones. El siguiente en llegar fue el *Creador de la Espesa Niebla del Mar*, el espíritu que llenaba de terror a los navegantes, y éste fue seguido por un numeroso grupo de otros sobrinos, cada uno más terrible que el precedente. Por fin llegó la *Ola de la Marea* y cubrió al *Maestro Carpintero* con agua, de modo que no tuvo otro remedio que rendirse.

Soltando su presa, *Sudeste* consiguió llegan hasta tierra firme. Allí dicen que *Sudeste* murió, menos los hechiceros que más saben, que aseguran que regresó a su propio hogar.

La madre de *Sudeste* se llamaba *Mañana*, y los indios dicen que si pronuncian su nombre tendrán mal tiempo, ya que a *Sudeste* no le gusta oír a nadie decir el nombre de su madre.

UNA HERMOSA FRENTE EMPLUMADA

En cierta ocasión un niño vino al mundo con un haz de plumas de diferentes colores sobre su frente. Por eso se le impuso el nombre de *Hermosa Frente Empluma-da*. Era un «muñeco» bonito y gracioso que contaba con la admiración y respeto de toda la tribu. Con el transcurrir del tiempo se convirtió en un muchacho apuesto, pero, al contrario de lo que hacían los de su edad, no cortejó a ninguna de las bellas jóvenes del poblado, pese a que las muchachas estaban casi todas perdidamente enamoradas de él. Pero no hacía caso de ninguna ni respondía a las muestras de adoración que espontánea y rendidamente le tributaban.

Eran muchas las hermosas, desde luego, pero daba la sensación de que el hombre de la frente emplumada no se había percatado de ello.

Una vez le comunicó a su padre:

—Partiré para visitar la nación del búfalo.

Su progenitor no encontró más alternativa que concederle permiso y el joven se puso de inmediato en camino. Los padres, por aquello de la intuición, sospechaban el porqué del inesperado viaje de su hijo e iniciaron los preparativos para recibir como se merecía a la que suponían iba a ser su nuera.

Pocas semanas después regresó el muchacho acompañado por una maravillosa compañera búfalo. Los padres de él la obsequiàron con una ostentosa bienvenida, mostrándole el **tipi** que para ellos habían preparado.

Con el tiempo la joven pareja tuvo descendencia, dando a luz la muchacha a un niño, del que su padre se sentía profundamente orgulloso. Cuando el pequeño acababa de cumplir un año, el hombre le dijo a la esposa:

—Voy a visitar la nación de los alces.

La madre se entristeció por momentos, pues estaba segura de que él iba en busca de otra esposa. Él regresó acompañado de una bella joven alce; cuando la mujer búfalo vio a la otra se sintió triste, abatida y menospreciada, pero el marido le dijo:

—No te pongas triste, porque ella hará todo el trabajo pesado por ti.

Vivieron juntos, muy felices, durante largo tiempo. La joven alce también fue madre de un hermoso niño que creció junto a su hermano, compartiendo juegos e ilusiones. Una vez, la madre alce estaba en el exterior de la tienda curtiendo pieles y la pareja de muchachitos jugando cerca de sus progenitoras, cuando de pronto el pequeño búfalo corrió por encima de una piel, dejando las pisadas en la piel blanca que la madre de su hermanito casi había acabado. Ella, cosa lógica, tuvo un gran enfado y dio rienda suelta a sus sentimientos, reprimiendo al pequeñuelo de esta manera:

—Eres un hocico bobo, ¿es que no puedes corretear alrededor de mi trabajo en vez de hacerlo por encima?

La madre búfalo estaba en la puerta y escuchó todo lo que decía la otra. La encorajinó en exceso que llamara hocico a su hijo, pero a nadie se lo dijo. Tras recoger apresuradamente algunas cosas, llamó al pequeño y partió con él hacia el Oeste.

El esposo no se encontraba en el poblado, pues había partido fechas antes con una expedición de caza y no regresó hasta la tarde siguiente. Su hijo mayor acostumbraba siempre salir a recibirle y se extrañó de no verle en esta ocasión. Así que corrió al **tipi**, buscándolo, y al no encontrar al niño ni a la madre, preguntó por ellos a su esposa alce.

—Se echó el pequeño a la espalda y partió en esa dirección —estaba señalando hacia el Oeste.

—¿Cuándo ha sido eso?

—Esta mañana.

Partió de inmediato en su busca.

Oscurecía ya cuando el hombre de la frente emplumada subió a una alta colina y vio una tienda pequeña, abajo, en el valle. Había un largo camino hasta el **tipi**, así que era muy tarde cuando llegó. Trabado el caballo, penetró en la tienda encontrando a su esposa e hijo profundamente dormidos. Al echarse junto a ellos despertó al pequeño quien, al ver a su padre, le hizo señas para que saliese del **tipi** con él.

Salieron y el hijo le contó al padre que no había podido convencer a su madre de que volviera, porque la mujer

130

alce la había ofendido demasiado y no regresaría nunca. El chico le contó que la mujer alce le había reñido, insultándole.

—Mamá está decidida a volver con su pueblo, pero si quieres puedes seguirnos y quizá, tras algún tiempo, puedas convencerla de que regrese contigo. Saldremos por la mañana muy temprano y, como la región por la que hemos de viajar es terreno duro, pisaré con fuerza para dejar huellas en los lugares más blandos y así podrás ir tras nosotros.

Los dos entraron en la tienda quedando dormidos de inmediato. El padre, que estaba muy fatigado, durmió profundamente y cuando despertó el sol le daba directamente. La madre y el hijo habían desaparecido. Habían levantado la tienda con él dentro tan cuidadosamente que no se había despertado. El hombre montó en su caballo y salió tras ellos. No tuvo el menor problema para seguirles, porque el hijo había pisado con fuerza y dejado sus huellas menudas bien marcadas en los lugares blandos.

Aquella noche vio de nuevo la frágil tienda, hallando a madre e hijo dormidos cuando entró. El niño, despertando, hizo un ademán indicando al padre que saliesen al exterior. Para explicarle que el viaje del próximo día iba a resultar más complicado.

—Cruzaremos una gran llanura, pero antes de alcanzarla tenemos que pasar por una hondonada arenosa. Cuando llegues a ella, busca mis huellas, que serán profundas y en cada una observarás charquitos de agua. Bebe toda la que puedas porque será la única ocasión que tendrás de beber, ya que a partir de allí, en adelante y hasta la gran cordillera, no hay agua, y cuando tú asomes a la cordillera ya será noche cerrada. Los parientes de mi madre viven en esa sierra y yo acudiré a hablar contigo una vez más antes de que nos separemos para entrar en el pueblo de mi madre.

A la mañana siguiente, como ocurriera en la anterior, se encontró solo al despertar. Le habían dejado y seguido el viaje. Montado con rapidez, cabalgó hasta la hondonada arenosa y, en efecto, vio las huellas del muchacho llenas de agua. Bebió hasta saciarse. Casi al ponerse el Sol vio la menuda tienda en la ladera, a lo lejos. Súbitamente su caballo, tras tambalearse, cayó al suelo como fulminado: había muerto de sed.

El indio prosiguió a pie y al llegar al **tipi** entró, pero no había nadie. Supuso que su hijo se proponía volver para conversar por última vez con él. Hacía tres días que no comía nada, sintiendo un extraño dolor en las sienes y el estómago. Se echó, pero el hambre no le permitía conciliar el sueño. Entonces oyó pasos fuera y se puso en guardia, porque muy bien podía tratarse de algún enemigo. Era el niño que traía un fardo consigo. Se lo dio al tiempo que comentaba:

—Cómetelo, padre. Lo he robado para ti y no he podido conseguir demasiado.

El indio no esperó ni un segundo y pronto dio buena cuenta de las provisiones. Cuando hubo terminado, escuchó al muchacho decir:

—Mañana por la mañana los parientes de mi madre vendrán aquí para llevarte aldea abajo. Mi madre tiene tres hermanas que han hecho bolsas de labor exactamente iguales que la de madre. Si las ves juntas no podrás distinguirlas sin mirar el contenido. Te pedirán que elijas la bolsa de tu esposa búfalo y si no aciertas te matarán a patadas. Luego te pedirán que distingas a madre de sus hermanas y no podrás, y si no aciertas te enterrarán vivo. La última prueba, en el supuesto de que pases con éxito las dos anteriores, será pedirte que me señales entre mis tres primos que se me parecen tanto como mi propio reflejo en el agua. Presta atención ahora, padre: *distinguirás las bolsas por una piedrecita que colocaré en la de madre, la distinguirás a ella por un trocito de hierba que le pondré en el pelo, y a mí, porque cuando empecemos a bailar sacudiré la cabeza y moveré las orejas*. Tendrás que elegir rápidamente porque a la menor vacilación dirán que no lo sabes y ya tendrán excusa para molerte a patadas.

Tras aconsejar a su padre que recordara de manera muy puntual cuanto le había explicado, el muchacho se fue. A la mañana siguiente, el indio escuchó un gran estruendo; salió a ver qué era y vio toda la ladera llena de búfalos. Al verle lanzaron un bramido, rodeándole. Se le acercó luego un toro mayor, que, soltando un sonoro bufido, siguió de largo, volviéndose a mirarle a cada pocos pasos. El hombre pensó que debía seguirle y así lo hizo, y todo el rebaño le escoltó ladera abajo, formando un semicírculo a su alrededor, hasta que llegaron a una enorme llanura en la que se erguía un solitario arbusto.

El búfalo viejo le llevó hasta el árbol y se detuvo. Junto al arbusto había una gran piedra que sirvió de asiento al indio. En cuanto se sentó aparecieron cuatro búfalos hembra, con una caja grande cada una. Colocaron las cajas en hilera delante del hombre y el rebaño se apiñó a su alrededor para verlo bien. El búfalo anciano, adelantándose, se plantó junto a las bolsas que habían sacado de las cuatro cajas.

El indio se incorporó y mirando las bolsas vio una piedrecilla en la de la izquierda. Acercó hacia sí la primera, tirando la piedra sin que nadie lo advirtiese. Al ver que había acertado, los búfalos lanzaron un bramido espantoso.

Llegaron entonces las cuatro hermanas y se colocaron en fila delante del indio, quien las miró con detenimiento, dio luego un paso al frente y posó su mano en la segunda de la derecha (gracias a la hierba que su hijo le había colocado en la cabeza). A continuación llegaron los cuatro ternerillos, que se pusieron a bailar al acercarse, y el hombre vio cómo su hijo sacudía la cabeza moviendo a la vez las orejas. Iba a señalarle cuando sintió un mareo; al caer en tierra, el búfalo viejo saltó encima de él y acto seguido todos los demás se abalanzaron sobre él y lo destrozaron. El rebaño se marchó luego a otra parte.

La madre alce, frente a tanta tardanza, entendió que algo grave le había ocurrido a su esposo y tomó la decisión de salir a buscarle.

Como era casi tan veloz como el viento que azotaba valles, montañas y praderas, su agilidad le permitió plantarse en menos de lo que cuesta decirlo en las inmediaciones del árbol solitario. Vio la sangre al pie del tronco y los pedazos de carne aplastados. Fijándose con mayor atención, vio algo blanco en la tierra. Se inclinó, pudiendo comprobar ahora que se trataba del haz de plumas de distintos colores que su marido tenía sobre la frente. Lo cogió con presteza y se fue a la ladera oriental de los cerros, en donde calentó piedras e hizo una cabaña en la que colocó las plumas. El interior se llenó de vapor denso. Siguió echando agua durante bastante tiempo hasta que notó que algo se movía en el interior de la choza.

Luego, pudo oír claramente que una voz le decía:

—Seas quien seas, echa un poco más de agua y lograré recuperarme totalmente.

Lo hizo.

Buscó más agua para echarla sobre las piedras.

—Es suficiente, ahora quiero secarme.

Ella cogió un puñado de saliva y, al dársela, él supo que se trataba de la mano de su esposa alce.

Regresaron a su hogar y, poco tiempo después, los búfalos tuvieron conocimiento de que había vuelto a la vida y tomaron la decisión de declararle la guerra para matarlo a él y a su esposa alce. Al saber lo que iba a ocurrir, ella clavó en el suelo postes colocando en lo alto de los mismos una resistente plataforma. Cuando aparecieron los búfalos, encontraron al marido, al hijo y a la madre sentados sobre la plataforma de ramas. No podían

136

alcanzarlos. Ella se mofó agitando delante de sus narices una manta roja y haciéndoles enfurecer. Los amigos del indio acudieron entonces en su auxilio y empezaron a matar búfalos rápidamente, huyendo los supervivientes para no volver jamás a molestar a *Hermosa Frente Emplumada*.

VIDA, MUERTE Y RESURRECCIÓN DEL «HOMBRE-OSO»

Hubo una vez un niño pawnee que imitaba con singular acierto y perfección los hábitos y costumbres de los osos; de hecho, tenía muchas semejanzas con ese animal.

Cuando jugaba con los muchachitos de su edad simulaba ser un oso, e incluso al crecer, sonriendo, decía con frecuencia a sus compañeros que él podía convertirse en un oso cuando quisiera.

Su parecido con el animal se produjo más o menos así. Antes de que el niño viniese al mundo, el padre había seguido el sendero de la guerra y a cierta distancia de su hogar en encontró con un menudo osezno. La pequeña criatura le miró con tanta tristeza y era tan diminuta y parecía tan desamparada que no pudo por menos que fijarse en ella cuando pasó por delante. Así que, inclinándose, recogió entre sus brazos al cachorro de oso, le ató un poco de tabaco indio alrededor del cuello y dijo:

—*Sé que el* Gran Espíritu, Tiráwa, *te cuidará, pero no puedo seguir mi camino sin poner estas cosas alrededor de tu cuello para demostrar que me siento amable hacia ti. Espero que los animales cuiden de mi hijo*

139

cuando nazca y le ayuden a convertirse en un gran hom-
bre sabio.

Luego prosiguió su camino.

Al regresar le dijo a su esposa el encuentro que había tenido con el pequeño osezno, cómo lo había tomado en sus brazos, lo había mirado y le había hablado. (Es importante conocer que existe una vieja superstición india que asegura que una hembra, antes de parir, no debe mirar con fijeza o pensar mucho en un animal determinado, porque el niño, al nacer, se parecerá a él.) Así que cuando nació el hijo del guerrero descubrieron que tenía las costumbres de un oso y cuanto mayor se hacía más parecido era a dicho animal. El niño, al que no escapaba aquella tremenda semejanza, marchaba con frecuencia solo al bosque, donde solía rezarle al oso.

En cierta ocasión y cuando ya era casi todo un hombre, un *hombre-oso*, claro, acompañó a una partida de guerreros pawnees como su jefe. Viajaron una distancia considerable, pero antes de que apareciese ningún pueblo en su camino cayeron en una trampa mortal que les habían preparado sus enemigos los sioux.

Cogidos por sorpresa, los pawnees, de los cuales había más o menos cuarenta, sin tiempo prácticamente para reaccionar o situarse en posición de defensa, fueron aniquilados todos.

La región del país en la que tuvo lugar el incidente era rocosa y estaba repleta de cedros y en ella habitaban muchos osos, y los cuerpos de los pawnees muertos yacían en un barranco en el camino que habitualmente

recorrían dichos animales. Cuando éstos toparon con el cuerpo del *hombre-oso*, una osa le reconoció al punto como el de su benefactor, a quien le había sacrificado fumadas, le había dedicado canciones y la había hecho muchos favores durante su vida. Llamó a su compañero y le rogó a fin de que hiciese algo para volver a recuperar vivo al *hombre-oso*. El otro, encogiéndose de hombros, manifestó su impotencia diciendo que no estaba al alcance de su mano el resucitarle.

—*No obstante* —añadió tras permanecer un profundo lapso de tiempo en estado meditativo—, *lo intentaré. De brillar el Sol es muy posible que mis artes se vieran recompensadas con el éxito, pero cuando está nublado y muy oscuro mis poderes quedan anulados.*

Sin embargo, aquel día el Sol brillaba a intermitencias. Largos intervalos de penumbra seguían a cada resplandor de los rayos solares.

Los dos osos se dispusieron, con cuidado y pacientemente, a recoger los pedazos del *hombre-oso*, que estaba tristemente mutilado, y agachándose sobre su cuerpo lo trataron con una medicina mágica hasta que aquél empezó a dar señales de regresar a la vida. Pero aún tardó un largo período de tiempo en recobrar la conciencia y, encontrándose ante la presencia de sus dos osos salvadores, no entendió nada de lo que le había ocurrido. Pero los animales le explicaron con todo detalle cómo le habían vuelto la vida, y cuando vio a sus compañeros que yacían muertos a su alrededor se acordó de lo sucedido con anterioridad.

Reconociendo con agradecimiento lo que habían hecho por él los osos, les acompañó a su guarida. Estaba todavía muy débil y a menudo se desmayaba, pero poco más tarde fue recobrando su fuerza hasta sentirse como nunca, sólo que no tenía pelo en la cabeza porque los sioux le habían arrancado el cuero cabelludo.

Durante su estancia los osos le enseñaron todo lo que sabían, que era mucho, ya que los indios son conocedores de que el oso es uno de los animales más inteligentes que existe. Sin embargo, su anfitrión le rogó que no considerase todas aquellas cosas maravillosas que hacía como el resultado de su propia fuerza, sino que le diera las gracias a *Tiráwa*, quien había creado a los osos dándoles su sabiduría y grandeza. Finalmente, dijo al *hombre-oso* que regresara con los suyos, donde se convertiría en un gran hombre, grandioso en la guerra y en la riqueza. Pero al mismo tiempo no debía olvidarse de los osos, sin dejar de imitarles, ya que la mayoría de su éxito dependía de eso.

Dándole un sombrero de piel de oso para que ocultase su cabeza calva, el oso le ordenó que partiese.

Tal como había dicho el animal, convirtió al *hombre-oso* en el guerrero más grande de su tribu. De él nació la Danza del Oso, que los pawnees practican todavía.

Vivió hasta una edad muy avanzada, profundamente respetado por su gente.

EL CONEJO Y EL ALCE

Un pequeño conejo, con un gran corazón que prácticamente no le cabía en su diminuto cuerpo, lleno de bondad y de sanas intenciones, vivía con su anciana abuela en una oscura madriguera. Alrededor de ambos todo era pobreza, pero lo más triste del caso era que la abuela necesitaba un vestido nuevo porque el que llevaba puesto se le caía a pedazos.

Tan grave problema tenía muy entristecido al bondadoso conejo, que al fin, en un arranque decidido, manifestó:

—No sufras más, abuela, porque voy a poner fin a tus penalidades. Saldré al bosque para cazar un hermoso ciervo o un alce, con cuya piel podrás confeccionarte un precioso vestido nuevo. Ya verás cómo todo sale a medida de nuestros deseos.

Y así diciendo, puso pies y manos a la obra.

Andaba el hombre (queremos decir el conejo, ya se entiende) metido en tareas cazadoras, cuando se tomó un respiro dejando el arco en el camino, mientras observaba detenidamente sus trampas.

Ocurrió que la casualidad, ¡o vaya a saberse quién!, hizo que un alce paseara al mismo tiempo que el conejo por aquellos andurriales. El alce, esbelto y ágil, era a la vez un tipo gracioso y bromista, que a menudo gustaba burlarse de los demás.

Vio el arco.

—*Voy a gastarle una broma al conejo* —se dijo para sus adentros—, *fingiendo que me he enredado con la cuerda de su arco.*

Así que de esta guisa metió un pie en la cuerda, tumbándose en tierra como si estuviera muerto.

¡Oh sorpresa, la que se llevó el conejo!

—¡Madre mía! ¡Qué pieza he cazado, prácticamente sin querer! ¡Voy de inmediato a ponerlo en conocimiento de la abuela! ¡Cómo se pondrá de contenta!

Corrió pues hasta la boca de la madriguera, voceando:

—¡Abuela, abuela...! ¡He cazado un extraordinario alce! ¡Te vas a hacer un vestido fantástico con su piel! ¡Ya puedes tirar el viejo al fuego!

Así lo hizo la anciana.

El alce se puso en pie de un brinco, entonces, estallando en carcajadas.

—¡Eh, amigo conejo! —exclamó—. ¿Has creído de veras que me habías cazado? ¡Pues nada de eso, muchacho! ¡Acabo de bularme de ti! Eso te enseñará a no dar utilidad a la piel de ningún animal sin antes asegurarte de que realmente lo has atrapado. Espero que hayas aprendido la lección.

Y huyó corriendo por entre la maleza.

El conejo, que había acudido dispuesto a despellejar el alce, hubo de regresar a su casa, triste y cariacontecido.

—¡Abuela, abuela...! ¡No tires el vestido viejo al fuego!

Tarde.

Ya lo había hecho.

Y, obviamente, el vestido se estaba convirtiendo en cenizas.

EL CASTOR Y EL PUERCO ESPÍN

Ésta es la leyenda de una disputa entre castores y puercos espines.

Castor se había proporcionado una reserva cuantiosa de comida, pero Puerco Espín, cizañero donde los hubiere, no lo había hecho, porque también era un perezoso donde los hubiere, y un día, cuando el primero había salido de caza, fue a su casa y le robó las provisiones.

Cuando Castor estuvo de regreso se dio cuenta de que su comida se había esfumado, y preguntó al Puerco Espín sobre la cuestión:

—¿Has robado mis alimentos, verdad?

—¿YOOOO...? ¿Es que te has vuelto loco? ¡Te juro por los espíritus de mis antepasados que no te he robado nada!

—¡Pero...! ¿Es que me tomas por idiota? ¡La comida no desaparece sola!

—¡Pues yo no he sido! —mintió Puerco Espín, mentiroso donde los hubiere también, descaradamente.

—¡Me has robado mi sustento! —insistió Castor, bastante enfadado.

E intentó agarrar al Puerco Espín con los dientes. Pero las afiladas púas de éste le desconcertaron, a pesar de que no se asustaba con facilidad. Luchó intensamente durante un largo período de tiempo, pero fue obligado a rendirse con la cara llena de pinchos. Sus amigos y parientes lo acogieron, apiadándose de él. Su padre reunió a toda la Gente Castor, explicándoles acerca de las heridas que había sufrido su hijo, y les ordenó que vengaran el honor del clan. Rápidamente la gente acudió al refugio de Puerto Espín, que, creyéndose a salvo en su hogar, les insultó, burlándose al mismo tiempo. La Gente Castor, humillada, le asoló hasta casi llegarle a las orejas, lo cogieron y, a pesar de sus bravuconadas, lo llevaron hasta una isla remota, donde lo abandonaron a su muerte.

A Puerco Espín se le antojó que sus días estaban contados. No crecía absolutamente nada en la isla con la excepción hecha de algunos árboles, ninguno de los cuales era comestible. Llamó a gritos a sus amigos para que acudiesen en su auxilio, pero no obtuvo respuesta. En balde llamó a todos los animales que estuviesen relacionados con él.

Sus gritos no fueron escuchados por nadie.

Cuando ya le había abandonado toda esperanza de sobrevivir, le pareció escuchar un susurro, diciendo:

—*Invoca al tiempo frío, invoca al viento Norte*.

Al principio no sólo no pareció entender nada sino que pensó que su imaginación le estaba jugando una mala pasada.

150

De nuevo, la voz musitó:

—*Canta canciones del Norte y serás salvado.*

En suspenso su corazón, en vilo su espíritu, pero con la esperanza renaciendo dentro de sí, Puerco Espín hizo lo que le ordenaba el misterioso susurro y elevó la voz para interpretar trémulamente las canciones del Norte;

—¡Que venga el tiempo frío! ¡Que esté tranquila el agua!

Más tarde el tiempo se hizo muy frío, un fuerte viento soplaba del Norte y el agua quedó tan lisa como una capa de hielo. Cuando estuvo lo suficientemente helada como para aguantar el peso de la Gente Puerco Espín, éstos viajaron hasta la isla en busca de su hermano, regocijándose cuando lo encontraron, pero estaba tan débil que casi no podía andar y tuvieron que llevarle hasta la cabaña de su padre.

Indagaron las razones por las cuales había sido castigado con semejante crueldad y él explicó:

—Es que me comí los alimentos de Castor.

Opinando que éste no era motivo justificado para tomar tan dura represalia, la Gente Puerto Espín estaba iracunda con la Gente Castor y acto seguido declararon la guerra.

Pero los castores solían salir victoriosos, y poco a poco la lucha se convirtió en una auténtica humillación para los puercos espines. Sin embargo, la tribu espinosa todavía estaba en sus trece en las quejas contra Castor y maquinaron acabar con él. Y así lo hicieron, subiéndole a la copa de un árbol altísimo, creyendo que, como los castores no podían trepar, éste tendría el mismo problema que había tenido su hermano en la isla.

Pero calcularon mal.

Porque el otro contaba con el simple y sencillo recurso de comerse el árbol desde la punta hasta los pies. Y así Castor pudo volver a su hogar sano y salvo.

ASÍ EMPEZÓ TODO...

Al principio no había nada.

Absolutamente nada.

Todo estaba vacío.

Maheo, el Gran Espíritu, sentíase como desolado.

Miró en su entorno pero, obviamente, no había nada que ver.

Trató de oír, pero nada había que escuchar.

Únicamente se encontraba él, *Maheo*, solo en la nada.

—**Tengo que poner remedio a esta situación.**

Aunque gracias a su gran Poder, *Maheo*, no se consideraba aislado, porque él mismo era un universo. Mas, dado el hecho de que se movía a través de la nada y del tiempo sin fin, *Maheo* pensó que su Poder podía tener alguna aplicación productiva y concreta.

—**¿Para qué sirve el Poder** —se preguntó—, **si no puede utilizarse para hacer el mundo y los distintos pueblos? Sí, tengo que poner remedio a esta situación.**

Y llevó a la práctica sus intenciones.

Creando una amplísima extensión de agua, como un lago, pero salada. Comprendió el Gran Espíritu que par-

155

tiendo del agua podría existir la vida. El lago mismo era vida.

—**Deberían existir seres que viviesen en las aguas** —digo *Maheo* a su Poder.

Y así fue.

Primero hizo los peces que nadaban en las oscuras aguas, luego las almejas y los caracoles y los ástacos, que vivían en la arena y en el fondo del lago.

—**Formemos ahora seres que puedan moverse sobre el agua** —requirió de su Poder.

Así ocurrió.

Fueron apareciendo los gansos, los ánades, los charranes, las fochas, las cercetas, viviendo y nadando en los alrededores del lago. En la oscuridad, *Maheo*, podía escuchar el chapoteo de sus patas y el batir de sus alas.

—**Quisiera ver todas las cosas que acaban de ser creadas** —pensó *Maheo*.

Y una vez más los hechos se produjeron de acuerdo con sus más íntimos deseos. La luz comenzó a brotar y a esparcirse, primero blanca y clareando en el Este, posteriormente dorada e intensa cuando hubo llegado al centro del cielo, extendiéndose al final hasta el último punto del horizonte.

Merced a la claridad, pudo *Maheo* contemplar los pájaros, los peces y las conchas de los animales marinos apoyadas en el fondo del lago.

—**¡Qué maravilla!** —sintió el Gran Espíritu dentro de sí.

Entonces la gansa se dirigió chapoteando hacia donde suponía se encontraba *Maheo*, en la inmensidad del espacio, sobre el lago.

—*No alcanzo a distinguirte pero sé que estás ahí* —comentó—. *No sé dónde estás ahora, pero sé que te encuentras en cualquier lugar: Óyeme, Maheo. El lago que has hecho, en el que moramos, es bueno. Pero comprende que los pájaros no somos peces, a veces nos fatigamos de tanto nadar y nos sentiríamos muy felices de poder reposar fuera del agua.*

—**Entonces, volad** —repuso *Maheo*, agitando al unísono los brazos.

Todos los pájaros del agua aletearon agitadamente sobre la superficie acuática hasta que obtuvieron la suficiente velocidad como para remontar el vuelo.

Eran tantos que oscurecieron el firmamento.

El somorgujo fue el primero en regresar a la superficie del lago.

—*Maheo* —dijo, mirando en torno a sí, pues sabía que el *Gran Espíritu* se hallaba en todas partes—, *tú nos has dado el cielo y la luz para que podamos volar, y el agua para nadar. Pedirte algo más podría parecer una ingratitud, pero debemos hacerlo. Cuando estemos cansados de nadar y volar, nos agradaría tener un lugar firme y seco donde caminar para rehacernos del agotamiento. Por favor, Maheo, concédenos un sitio en el que podamos construir nuestros nidos.*

—**Así será** —respondió *Maheo*—, **pero para tal hacer necesito de vuestra colaboración. Por mí** mismo he hecho el agua, la luz, el aire del cielo y los seres del agua. Ahora, para seguir mi obra creadora, preciso ayuda, pues mi Poder sólo me permite hacer cuatro cosas.

—*Explícanos en qué podemos serte útiles* —hablaron los seres del agua—. *Estamos dispuestos a prestarte nuestra máxima ayuda.*

—**Que los de tamaño superior y los más rápidos intenten encontrar tierra** —dijo el *Gran Espíritu*, alargando los brazos y haciendo señas a la gansa.

—*Estoy preparada.*

Diciendo así, la gansa partió rauda y veloz, cruzando el agua hasta convertirse en un punto blanco que se elevaba en el aire. Luego regresó con la celeridad de una flecha, zambulléndose en las aguas.

La gansa estuvo ausente durante un período bastante largo.

Maheo contó cuatro veces cuatrocientos antes de que ella surgiera de las aguas y quedase flotando, abierto el pico para recobrar el aliento.

—**¿Nos has traído algo?** —preguntó el *Gran Espíritu*.

La gansa suspiró desolada.

—*No. No he podido traer nada.*

Acto seguido lo intentaron el somorgujo y el ánade, pero tampoco su empresa se vio coronada por el éxito. Finalmente vino la pequeña focha, chapoteando sobre la superficie del lago, hundiendo la cabeza en ocasiones para atrapar algún pececito y agitando el agua a cada momento.

—*Maheo* —anunció la menuda focha tenuemente—, *cada vez que me sumerjo creo ver algo, allá a lo lejos. Tal vez yo pueda descender nadando, lo sé. No soy capaz de volar ni de zambullirme con mis hermanas y hermanos. Lo único que puedo hacer es nadar, pero lo haré lo mejor que sepa y llegaré tan profundamente como me lo permitan mis fuerzas. Déjame intentarlo, por favor, Maheo.*

—**Pequeño hermano** —repuso éste—, **cada cual puede hacer aquello de lo que sea capaz, y ya he requerido la colaboración de todos los seres del agua. Ciertamente, puedes intentar cumplir esta tarea. Tal vez saber nadar sea mejor que saber zambullirse, después de todo. Vete, pequeño hermano, y mira qué es lo que puedes hacer.**

—¡Ah, oh! —exclamó la pequeña focha—. ¡Gracias, Maheo!

Y hundiendo la cabeza en el agua, nadó cada vez más y más profundamente, hasta que se perdió de vista.

Pasó mucho tiempo hasta que *Maheo* y los demás pájaros volvieron a ver una pequeña mancha oscura bajo la superficie del agua, ascendiendo lentamente hacia ellos. La figura se fue haciendo poco a poco más definida hasta que todos estuvieron seguros de quién era. El pequeño pájaro subía nadando desde el fondo del lago salado.

Al arribar a la superficie, la focha alzó su pico hacia la luz, sin abrirlo.

—**Dame lo que has traído** —dijo *Maheo*.

Entonces, del pico cayó una pequeña bola de lodo que el *Gran Espíritu* recogió entre sus manos.

—**Vete, pequeño hermano** —dijo—. **Y gracias. Es posible que esto que has traído te proteja para siempre.**

Y así ha sido y es, pues la carne de focha aún tiene sabor a lodo, y ningún ser humano o animal come a este pequeño pájaro, a no ser que no tenga otra cosa con que alimentarse.

Maheo hizo rodar la bola de lodo entre las palmas de las manos hasta que la misma se hizo tan grande que ya no le fue posible sostenerla. Buscó entonces por los alrededores con la mirada un sitio donde ponerla, pero no había más que agua y aire.

—**Necesito de nuevo vuestra ayuda, moradores del agua** —anunció—. **Debo poner este lodo en algún lugar. Uno de vosotros debe hacerme un espacio en su espalda.**

Todos los peces y demás criaturas acuáticas se acercaron nadando hacia el *Gran Espíritu*, que trató de elegir al más apto para sus propósitos. Las almejas, los caracoles y los ástacos eran demasiado pequeños, pese a que gozaban de fuertes espaldas y vivían en las profundidades del agua. Los peces, por su parte, eran demasiado estrechos y sus aletas cortaban en pedazos el barro. Finalmente, sólo quedaba un habitante en las aguas.

—**Abuela Tortuga** —exclamó Maheo—, **¿podrías ayudarme?**

—*Soy demasiado vieja y excesivamente lenta* —razonó. Añadiendo—: *Pero lo intentaré.*

Maheo apiló sobre la redonda espalda una buena cantidad de lodo hasta formar una colina. Bajo las manos del *Gran Espíritu*, la colina fue creciendo, extendiéndose y enderezándose, mientras la abuela Tortuga desaparecía de la vista.

—**Así sea** —dijo *Maheo* otra vez—. **Que la tierra sea conocida como nuestra abuela, y que la abuela, que es quien transporta la tierra, sea el único ser que pueda vivir debajo del agua o de la tierra, o encima del suelo; el único que pueda ir a cualquier parte, ya sea nadando, ya caminando, según lo prefiera.**

Y así ha sido y es. La abuela Tortuga y todos sus descendientes caminan muy lentos, pues cargan en sus espaldas todo el peso del mundo y los seres que lo habitan.

Ahora ya había agua y también tierra, pero esta última era estéril. *Maheo* dijo entonces a su Poder:

—**Nuestra abuela Tierra es como una mujer y, en consecuencia, debe ser productiva. Ayúdame, Poder, a que ella engendre vida.**

Al pronunciar *Maheo* estas palabras, los árboles y las hierbas brotaron, convirtiéndose en el cabello de la abuela; las flores se transformaron en brillantes ador-

nos, y las frutas y las semillas fueron ofrecidas por la tierra al *Gran Espíritu*. Los pájaros se posaron a descansar en las manos de la abuela, a cuyos lados se acercaron también los peces. Mirando a la mujer Tierra, *Maheo* pensó que era muy hermosa, la más hermosa de las cosas que nunca había hecho.

«Pero no debería estar sola», pensó. **«Démosle una parte de mí, y así podrá saber que estoy cerca de ella y la amo.»**

Maheo metió la mano en su costado derecho y sacó una de sus costillas. Luego de darle aliento, la colocó dulcemente en el seno de la mujer Tierra. La costilla se movió agitadamente, se puso en pie y caminó. Había nacido el primer hombre.

—**Está solo en la abuela Tierra como yo estuve solo una vez en el vacío** —admitió *Maheo*—. **Y para nadie es bueno estar solo.**

Utilizando entonces una de sus costillas de la parte derecha formó una hembra, que puso al lado del hombre. Entonces sobre la abuela Tierra hubo dos seres humanos: sus hijos y los de *Maheo*. Todos eran felices, y el *Gran Espíritu* era feliz mirándolos.

Un año más tarde, en la época primaveral, nació el primer niño.

Y a medida que transcurrió el tiempo vinieron otros pequeños seres que, siguiendo su camino, fundaron las diferentes tribus. Luego *Maheo* vio que su pueblo tenía ciertas necesidades. Con su Poder creó animales que alimentasen y protegieran al hombre. Finalmente, el

Gran Espíritu pensó en una bestia que pudiera ocupar el sitio de los demás creando al bisonte.

Maheo sigue con nosotros.

En todas partes y lugares. Mirando a su pueblo y a todo cuanto ha creado. Él representa la totalidad de la vida. Es el creador, el guardián, el maestro, el único...

Nosotros estamos aquí, gracia a *Maheo* [8].

---

[8] Esta leyenda de procedencia cheyenne-algonquina, bajo su título original de **EL ORIGEN DEL MUNDO**, la refiere Mary Little Bear Inkanish, Cheyenne. Alice Marriot y Carol K. Rachlin, *American Indian Mithology*, Ontario, 1972.

PELO AMARILLO

—Otra leyenda de Custer—
—Otra versión de su muerte—

Después del tratado de Medicine Lodge Creek, en 1871, los cheyennes y los arapajoes, aliados desde hacía muchos años, se sentaron juntos en el **tipi** en el que celebraban los consejos. Todos los jefes principales estaban disgustados e inquietos, pues entre los hombres blancos que habían firmado el tratado se encontraba *Pelo Amarillo-George Armstrong Custer*.

Era sabido que *Custer* tenía una esposa cheyenne y un hijo medio cheyenne. El mismo hombre que desobedecía las órdenes de sus superiores para ver a su esposa blanca en Fuerte Riley, Kansas, pasaba también muchas noches en un **tipi** cheyenne. ¿Cómo podrían los jefes confiar en su palabra? Este blanco engañaba a las mujeres, desconocía a su propio hijo y mentía a sus amigos: no se podía creer en él.

Los jefes decidieron enviar a un joven indio con un mensaje, solicitando a *Custer* que viniera al campamento de *Olla Negra* y fumara con ellos la pipa sagrada. *Olla Negra* era un pacífico cheyenne —un hombre viejo, amado y respetado por todos—. Su mujer preparó un banquete para agasajar a los visitantes y todos se sentaron y comieron juntos.

Después de la comida, el joven mensajero trajo a *Olla Negra* una bolsa con la pipa sagrada. Estaba confeccionada con la más hermosa piel de cervato y adornada con franjas horizontales de colo rojo, amarillo, negro y blanco. La esposa de *Olla Negra* pertenecía a una sociedad secreta de mujeres, por lo que tenía derecho a realizar estas labores de ornamentación.

Olla Negra extrajo de la bolsa una pipa en forma de T, tallada en una piedra roja especial, con un cañón de cornejo derecho y blanco. Ajustó el cañón al hornillo de la pipa y llenó ésta con *kinnikinnik*, una mezcla de tabaco y corteza de zumaque desmenuzada. Con mucho cuidado levantó luego una brasa del fuego, utilizando un par de tenacillas, y encendió la pipa. Después de ofrecerla al *Gran Espíritu*, *Maheo*, para lo cual la elevó hacia el cielo, a la madre Tierra y a las Cuatro Regiones del Mundo, *Olla Negra* habló de esta manera:

—*Pelo Amarillo*, te hemos llamado a nuestro Consejo porque todos nosotros deseamos hacer la paz y mantener la paz. Nosotros hemos dejado nuestras marcas en un papel, pero ése es el método del hombre blanco. Ahora te pedimos que jures la paz a nuestra manera, al estilo indio. Fuma con nosotros, *Pelo Amarillo*.

Custer hechó para atrás los largos mechones rubios que caían sobre los hombros de su adornada camina de

piel de ante. Nunca vestía el uniforme si podía evitarlo, y éste era otro motivo de desconfianza para los indios. Si él era un soldado, si daba órdenes a otros soldados, su obligación era vestir como tal.

Todo los indios sabían una cosa acerca de Custer: que nunca fumaba. «Sólo el olor de tabaco, decía, me hace sentir enfermo.» Pero su éxito y su progreso dependían de aquellos indios, así que *Pelo Amarillo* extendió las manos y tomó la pipa.

Repitiendo las palabras de *Olla Negra*, Custer envió un delgadito hilo de humo hacia las seis direcciones. En ningún momento tragó el humo, pero puso la pipa entre sus labios seis veces, emitiendo seis bocanadas. Con este acto sellaba con cheyennes y arapajoes lo que éstos esperaban fuera una paz definitiva y segura. Los otros jefes fumaron a su turno, repitiendo el rito.

—*Pelo Amarillo* —dijo *Olla Negra*—, has fumado con nosotros y te has comprometido a mantener la paz. Puedes irte.

Custer abandonó el **tipi** y cruzó el campamento aplastando la hierba con los tacones de sus botas. *Olla Negra* sacudió la pipa sagrada sobre la palma de su mano y distribuyó una pizca de contenido en cada huella.

—*Pelo Amarillo* se ha ido —dijo el jefe indio—. Escuchadme. Si él rompe la promesa que nos ha hecho hoy, morirá, pero su muerte será la de un cobarde. Ningún indio manchará sus manos con la cabellera de *Pelo Amarillo*.

—Hah-ho —asintieron los demás jefes—. Así será. Si *Pelo Amarillo* rompe la promesa hecha con el tratado de paz bajo juramento, tendrá la muerte de un cobarde.

Dos años más tarde, *Olla Negra* y su gente asentaron su campamento de invierno en las orillas del río Washita. Era un campamento pacífico y organizado. Abundaban los matorrales que protegían a los **tipis** del viento y los niños jugaban confiadamente. En el centro se levantaba el magníficamente adornado **tipi** en el que vivían *Olla Negra* y su mujer, y a ambos lados se habían establecido los guardianes de los misterios sagrados de los cheyennes.

Las mujeres del pueblo de *Olla Negra* trabajaban mucho y había una buena provisión de carne seca, hermosas telas y vestidos pintados, adornados y bordados con púas de puerco espín.

Avanzaba el invierno y el frío era cortante, pues un desolador viento del Norte había azotado las planicies esa tarde y todo el mundo tiritaba bajo el granizo y la nevisca. La gente se acurrucó dentro de los **tipis** para protegerse de la fuerza del viento, se sentó cerca de las hogueras y, después de la cena, se contaron historias de las viejas épocas y de las viejas costumbres.

Durante la medianoche, cuando el silencio era total en el campamento, *Pelo Amarillo* cayó sobre él. Con la tormenta a sus espaldas, había cabalgado durante dos días desde Camp Supply, atravesando setenta millas, y ahora, en la oscuridad, atacaba el pacífico poblado indio.

Previamente, había dividido sus fuerzas, enviando un pequeño destacamento río abajo contra los arapajoes, mientras él se ocupaba del campamento de *Olla Negra*. En las ruinas de su **tipi** incendiado, el viejo jefe fue encontrado muerto apretando entre sus manos la bandera de los Estados Unidos, que le había sido entregada en Medicine Lodge como garantía y símbolo de paz firmada en esa oportunidad. Su mujer se había quitado la vida con un puñal y yacía sobre el cuerpo de *Olla Negra*.

Río abajo se oía un tiroteo proveniente del campamento de los arapajoes; después ya no se escuchó nada más.

Las tropas del Séptimo de Caballería reunieron los bienes del campamento de *Olla Negra* y prendieron fuego a todas las hermosas cosas que poseían los cheyennes. Incluso algunos de los soldados lloraron al ver la destrucción de vestidos y comida que pertenecía a las mujeres y niños.

Al llegar el día, con carabinas Sharp, las tropas dispararon a todos los caballos que pastaban en grandes manadas cerca del río.

Pelo Amarillo envió un destacamento río abajo a ver si los arapajoes habían sido aniquilados como los cheyennes. Los enviados se encontraron con que los arapajoes y su campamento ya no estaban. Sobre la tierra yacían los cuerpos del mayor Joel Eliot y sus hombres, sin sus cabelleras. *Pelo Amarillo* había roto la paz y traicionado su palabra, pero esos hombres no habían muerto como cobardes.

Durante un tiempo, los cheyennes se convirtieron en un pueblo destrozado, sufriendo prisión y muriendo a causa de las enfermedades y del hambre. *Pelo Amarillo* reportó su pretendida hazaña, pero se vio obligado a informar también que había dejado que parte de los hombres murieran sin enviarles refuerzos. Incluso Washington no podía dejar pasar esto por alto. *Pelo Amarillo* fue enviado al Este, obligándosele, como castigo, a permanecer allí durante un año entero.

Pasado este período, *Pelo Amarillo* y su esposa blanca regresaron al fuerte Abraham Lincoln. Su esposa cheyenne había muerto de aflicción y sus hermanas se habían ocupado del niño, ocultándolo para poder criarlo como un indio. El fuerte Abraham Lincoln estaba muy lejos, en el norte de Yellowstone, así que los cheyennes, que vivían en el Sur, se sentaron y esperaron, preparando su plan.

Silenciosamente, los mensajeros se desplazaron de tribu en tribu, recorriendo las planicies de punta a punta. Se establecieron contactos con los arapajoes, por supuesto, así como con los diversos grupos sioux. Los crows y los pawnees que habían tomado el uniforme de los hombres blancos y servían en su ejército como exploradores, fueron dejados al margen.

En el momento preciso, y discretamente, los poblados se pusieron en movimiento. Algunos campamentos se apuntaron a un tiempo en el territorio de *Toro Sentado*, el jefe hunkpapa sioux. Allí todos los grupos se distribuyeron a lo largo de los ríos Little Big Horn y Tongue, y esperaron a que todos los hombres estuvieran armados y listos.

Los crows y los pawnees llevaron al fuerte Abraham Lincoln la noticia de que las tribus se estaban organizando. El problema más importante era saber si el ataque se llevaría a cabo contra el fuerte o contra los asentamientos blancos.

Después de celebrar un consejo, el general Terry, el oficial de mayor rango del fuerte, dio sus órdenes. Las tropas fueron divididas en tres partes: una sería conducida por *Pelo Amarillo*, la otra por el propio general Terry y la tercera por el mayor Marcus Reno. Volverían a reunirse para cercar el gran campamento establecido en Little Big Horn.

Custer sería acompañado por su hermano, el teniente Tom Custer, y por el capitán Myles W. Keogh. Este último era famoso en todas partes a raíz de la devoción que profesaba a su gran caballo castrado, que era bayo y se llamaba «Comanche». Ambos conversaban entre sí como hermanos y se decía que «Comanche» conocía los pensamientos del capitán antes de que las palabras se hubieran formado en la mente de su amo.

La noche anterior, estos tres hombres, junto con otros oficiales, se reunieron en el alojamiento de Custer para celebrar una cena de despedida. Elizabeth Custer y su cocinero negro prepararon una comida muy sabrosa, que consistía en un asado de carne de venado, gallinas y otras presas que habían traído los hombres. Avanzada la noche, Tom custer, *Pelo Amarillo* y Keogh cortaron sus cabellos con grandes tijeras. Elizabet lloró al ver caer sobre el piso los dorados mechones, pero luego se consoló a sí misma pensando que tal vez a los indios les resultaría muy difícil reconocer a su marido si no veían su largo cabello.

Temprano por la mañana las tropas salieron del fuerte y las mujeres se reunieron para verlos partir. Algunas lloraban, mientras otras contenían las lágrimas y agitaban sus pañuelos en señal de despedida. Mientras las mujeres y la guardia que había quedado en el puesto observaban la partida y la banda de música tocaba «La muchacha que dejo atrás de mí» y la canción que el regimiento entonaba al marchar, «Garry Owen», se produjo uno de esos fenómenos propios de la luz de las praderas. Cabalgando sobre las tropas se veían sus imágines, reflejadas contra el cielo por efecto de un espejismo. Alguien exclamó: «¡Cabalgan hacia la muerte!», pero el grito fue rápidamente acallado.

Si los pawnees y los crows sabían qué es lo que estaba ocurriendo en los campamentos indios, los sioux, los cheyennes y los arapajoes sabían lo que ocurría en el fuerte Abraham Lincoln. Se habían preparado cuidadosamente, y cuando la carga de los blancos se inició, le hicieron frente como si fuera un roca.

Custer y sus tropas se vieron obligados a retroceder y buscaron refugio en la cima de una escarpada colina, en el norte de Little Big Horn. Allí los indios pudieron cercarlos y lenta, metódicamente, les infligieron una derrota total. El mayor Reno fue prendido aguas abajo por los arapajoes. El general Terry no llegó a tiempo para suministrar refuerzos. *Pelo Amarillo* murió como había muerto el mayor Eliot, en el centro de un círculo de soldados, a manos de «la más magnífica caballería ligera del mundo», la de los indios.

Durante la batalla, las mujeres se llevaron los caballos del campamento. Alcanzada la victoria, los indios se desparramaron por Black Hills. Cuando el general Terry llegó finalmente reforzar al mayor Reno y a rescatar al destacamento, el único ser vivo que quedaba en la cima de la montaña era «Comanche», el gran caballo del capitán Keogh.

Las manos del oficial muerto sujetaban todavía las riendas. Ningún indio había querido separar a quienes habían sido como hermanos. Posteriormente, el general Terry llevó a «Comanche» al fuerte Riley, en Kansas, y allí vivió hasta que, viejo ya, le sobrevino la muerte. Ningún jefe volvió a montarlo, si bien participó en todas las revistas que se llevaron a cabo en el fuerte.

No sabemos si, como dicen los cheyennes, nadie pudo reconocer a *Pelo Amarillo* a causa de su cabeza afeitada, ni si, como dicen los arapajoes, fue un cobarde que no mereció que su cabellera fuera cortada. Sí sabemos que su cuerpo, a diferencia de otros que quedaron en el campo de batalla, no fue mutilado. Yacía de espaldas, con un cuchillo de mujer clavado en el pecho, pero, según dicen los indios, había muerto antes de que la mujer lo atacara[9].

---

[9] Referida por Mary Little Bear Inkanish, John Stands-in-the-Timber y John Fletcher, Cheyennes, y Richard Pratt, Arapaho. A. Marriott y C. K. Rachlin, *American Indian Mythology*, Ontario, 1972.

UN *TIPI* PARA ALGUIEN
MUY ESPECIAL

La pequeña misión pintada de blanco estaba ubicada en una colina árida al oeste de Clinton, Oklahoma. Tenía una iglesia, por supuesto, y además una casa con dos habitaciones para vivienda de la pareja, marido y mujer, de misioneros. Y tenía un pequeño edificio, de sólo una dependencia, que servía de escuela, a la que los niños indios asistían más o menos regularmente. A veces, en momentos de entusiasmo, los misioneros hablaban de que algún día, tal vez, sería posible agregar dos habitaciones, una para los niños y otra para las niñas, a fin de que pudieran quedarse en la escuela y no perdieran las clases si los padres no podían traerlos. No obstante, se trataba sólo de un sueño, pues los jefes de las tribus de la zona se oponían a las escuelas en general, y a las escuelas de las misiones en particular.

Por este motivo, la visita que un domingo de otoño hizo a la iglesia el jefe de la tribu local fue vista con cierta aprensión por los misioneros. Con el curso de los años el nombre de este jefe había sido olvidado y en ese momento simplemente se le llamaba Gran Jefe Escudo.

179

Éste se sentó en los últimos bancos y se quedó quieto, escuchando los himnos, les plegarias y el sermón. Al terminar el servicio se aproximó al misionero y, después de un apretón de manos, ambos intercambiaron un saludo formal.

—Decís hermosas palabras en esta iglesia —observó Gran Jefe Escudo—. Además tenéis libros para vuestras canciones y rezos, así la gente que sabe leer no los olvidará nunca.

—Sí, somos muy afortunados. Nuestra Oficina Central en Washington nos suministra estos libros.

—¿Vuestra iglesia tiene una oficina en Washington? —preguntó pensativo el jefe.

—Así es —contestó el misionero—. Tenemos allí una gran iglesia de piedra y muchas personas acuden a ella. Algunas tienen mucho dinero y quieren ayudar a los indios. Piensan que, quizá, los indios tendrían una vida mejor si aprendieran la religión de los blancos.

—Tal vez. No creo que la religión de los indios sea mala, pero tal vez esa adinerada gente de Washington tenga razón —dijo con aire meditativo el jefe—. Tal vez si yo aprendo vuestra religión, podré comprender mejor vuestas costumbres y seré capaz de ayudar más a mi pueblo, así como de proteger a mi familia contra el hambre y el frío. ¡Tal vez! ¿Querría enseñarme su religión? Cuando haya aprendido todo al respecto, decidiré cuál de las religiones es la más acertada.

—Con mucho gusto —acordó contento el misionero—. Mi esposa y yo le enseñaremos y luego usted mismo podrá informar a su pueblo acerca de nuestras creencias.

—No, me enseñará usted sólo. Las costumbres indias establecen que el hombre enseñó al niño y la mujer a la niña. Por tanto, lo haremos a nuestro modo.

—De acuerdo, lo haremos según vuestra costumbre. ¿Cuándo quiere que comencemos?

—Vendré a su casa mañana por la mañana.

—Muy bien, se quedará usted a almorzar y mi mujer nos preparará la comida.

A las ocho de la mañana del día siguiente Gran Jefe Escudo se presentó en la misión y los dos hombres se reunieron en la pequeña oficina que servía también de estudio. Esto se repitió a lo largo de varias mañanas y cada día la esposa del misionero preparaba el almuerzo.

La tarea era larga, aburrida y tediosa, con numerosos relatos sobre el Gran Espíritu por un lado, y el Padre, el Hijo y el Espíritu Santo por otro, pero ambos hombres se prestaban mutuamente una cuidadosa atención.

Por fin tocó el turno a la historia de la Natividad. Gran Jefe Escudo escuchó cómo José había pedido alojamiento en la posada y cómo, con la explicación de que ya no quedaba lugar disponible, había sido enviado, junto con María, al establo. Al llegar a este punto, el jefe indio interrumpió:

—¿Quiere usted decir que el único lugar donde se le permitió a esa pobre mujer tener su niño fue una cuadra como las que hay en la ciudad para dejar a los caballos?

—No, no precisamente una caballeriza, sino un establo con vacas y gallinas.

—¿Esa mujer tuvo que dar a luz a su pequeño hijo sobre el suelo? —preguntó asombrado el jefe—. ¡Hacía mucho frío!

—No, prepararon un lecho de paja para María. Adentro, el ambiente estaba cálido como en un **tipi** y los animales también proporcionaban calor. Cuando el Niño Jesús nació, su madre lo envolvió en una manta para que estuviera abrigado y protegido.

—Que estuviera en un lugar cálido o frío no modifica la cuestión. No debería haber nacido en un lugar donde estuvieran todos esos animales. Las mujeres deberían haberle preparado un **tipi**, como hacemos nosotros.

—No había **tipis** en aquel país. El establo era un sitio adecuado. En aquella época sólo a los hombres de cierta importancia se les permitía permanecer en el establo. José era un trabajador especializado, un carpintero.

—No estoy de acuerdo. No debieran haber permitido que una mujer tuviera un niño en esas condiciones. ¡Dice usted que no había **tipis** en ese sitio! —el misionero negó con la cabeza y luego Gran Jefe Escudo prosiguió—: Nosotros los arapajoes somos más cuidadosos. Nosotros nos preocupamos por nuestros niños.

—Durante largo tiempo todo el mundo ha amado y respetado a ese niño. Su madre hizo todo lo que pudo y supo.

—Usted sólo habla de la madre. ¿Y el padre? ¿Qué hizo el padre cuando la madre tuvo que ir al establo? Me refiero al hombre con quien estaba casada la mujer.

—Su verdadero padre era Dios.

—¿Por qué entonces no hizo Dios algo al repecto?

—Sí lo hizo. Envió a ese desamparado y humilde niño para enseñarnos que las cosas más importantes son las más sencillas.

Gran Jefe Escudo se puso en pie y se envolvió en su manta. Luego se quedó largo rato mirando fijamente hacia el noroeste a través de la ventana. Finalmente, habló así:

—Cada noche hablamos sobre todas las cosas buenas. Nosotros creemos que os conocemos un poco más. ¡Tal vez! Tal vez os conozcamos un poco mejor ahora. Vuestra religión es diferente a la de los arapajoes, aunque tiene algunos aspectos buenos que podemos entender. ¡Pero tratar así a una mujer que está a punto de dar a luz y dejar al niño en un establo...! Eso no está bien. Se lo diré a mi pueblo. ¿Dice usted que el niño vino en diciembre? Diciembre, noche, frío... Podría tener un lugar cálido para vivir. ¿Dice usted que el niño vendrá de nuevo?

—Todos los meses de diciembre. Todas las Navidades, si le abrimos nuestro corazón.

—Debo irme ahora. Le contaré a mi pueblo lo relativo al nacimiento de este niño en un establo. Pienso que tal vez este año podamos organizar como debe ser su llegada. La prepararemos según la costumbre arapajoe.

Gran Jefe Escudo no se quedó a almorzar ese día y partió apresuradamente dejando a los misioneros algo desconcertados, aunque con la esperanza de que sus intenciones no resultaran frustradas. Pensaban que si al menos habían logrado transmitir al jefe un poco del espíritu cristiano, esa Navidad sería muy feliz para ellos.

A medida que la Navidad se iba aproximando, las noticias que sobre el Gran Jefe Escudo y su gente llegaban a oídos de los misioneros aumentaron su confusión. Los arapajoes habían recibido la renta correspondiente al arrendamiento de sus tierras y el jefe había comprado una magnífica cama en la mueblería de Clinton. Otros arapajoes habían traído un colchón, almohadas y, lo fundamental, una magnífica manta rayada. Además, alguien, a quien nadie podía identificar con seguridad, había mandado preparar todos los elementos necesarios para un **tipi**. El día antes de Navidad, muchos arapajoes abandonaron el pueblo y se dirigieron en pregrinación a un lugar cubierto por grandes riscos en dirección noroeste, a unas diez millas de Clinton. En el camino se detuvieron en la misión para invitar al matrimonio a acompañarles. Los misioneros estaban tan intrigados que no pudieron negarse.

Una vez que arribaron al sitio elegido, Gran Jefe Escudo se dirigió al risco más elevado que había sobre la planicie y los hombres llevaron todas las cosas que traían a la cima del mismo. Luego las mujeres levantaron el **tipi**, colocaron la cama y encendieron el fuego en el interior.

Finalmente, todos lo rodearon para admirar el hermoso resultado de su trabajo.

—Ahora elevaré una plegaria por este nuevo hogar y cuando termine vosotros rezaréis según vuestra usanza —dijo Gran Jefe Escudo volviéndose hacia los misioneros.

—Con mucho gusto —contestaron.

—Ya podemos marcharnos —indicó el jefe una vez concluidas las oraciones—. Este **tipi** y esta cama son para el Niño Jesús. Los dejaremos aquí para siempre, y cada vez que regrese, tendrá un hogar cálido donde cobijarse. Este año todo estará bien preparado para su llegada, al estilo arapajoe.

Los misioneros se miraron entre sí muy sorprendidos, pensando que habían conseguido convertir al jefe.

—¿Se hará usted cristiano? —preguntó ansiosamente el misionero.

—No, seguiré siendo un arapajoe, pues es lo que prefiero y lo que me parece mejor. Yo sólo quería asegurarme de que el Niño Jesús estuviera abrigado todas las Navidades y de que su madre tuviera un lugar adonde ir. Nosotros, los arapajoes, queremos mucho a los niños.

Después de una breve pausa, el jefe preguntó:

—¿El padre de Jesús es el Creador?

El misionero contestó que sí con la cabeza y el Gran Jefe Escudo dijo entonces:

—Bien, nosotros también creemos en el Creador, lo llamamos *Maheo*. Sin duda, vuestro Dios y nuestro dios estarán contentos de cuidar de este pequeño. Tal vez él

186

represente a todos los niños del mundo y, por ello, nosotros celebraremos el cumpleaños de nuestros niños en
vuestra fiesta de Navidad.

Y entonces los misioneros regresaron a su casa con
una hermosa sensación de bienestar. Allí, en lo alto del
risco, un espléndido **tipi**, semejante a una mujer, en
cuyo interior un cálido fuego ardía como una candela
en la noche, hablaba de amor al corazón de los seres
humanos [10].

[10] Referida por Richard Pratt, Arapaho. A. Marriot y C. K. Rachlin, *Plains Indian Mythology*, Ontario, 1977.

ÍNDICE